Der Rassestandard des Boxers

Farbe

Gelb oder gestromt. Gelb kommt in verschiedenen Farben vor, von hellgelb bis dunkelhirschrot, jedoch sind die in der Mitte liegenden die Schönsten. Schwarze Maske, weiße Abzeichen sind nicht grundsätzlich zu verwerfen.

Allgemeine Erscheinung

Mittelgroßer, glatthaariger, stämmiger Hund mit kurzem, quadratischen Gebäude und starken Knochen. Die Muskulatur ist trocken, kräftig entwickelt und plastisch hervortretend.

Größe

Rüden 57 bis 63 cm, Hündinnen 53 bis 59 cm.

Rute

Ansatz eher hoch als tief, unkupiert und aufwärts getragen.

Hinterhand

Sehr stark bemuskelt, die Muskulatur ist bretthart und sehr plastisch hervortretend. Die Hinterläufe sollen von hinten gesehen gerade sein.

Haarkleid

Kurz, hart, glänzend und anliegend.

Pfoten

Klein, rund, geschlossen, dick gepolsterte Ballen mit harten Sohlen, die Hinterpfoten etwas länger als die vorderen.

Fotonachweis:

Norvia Behling
Carolina Biological Supply
Doskocil
Theresa Fico
Isabelle Francais
James Hayden-Yoav
James R. Hayden, RBP
Carol Ann Johnson
Dwight R. Kuhn
Dr. Dennis Kunkel

Jeff Michals
Mikki Pet Products
Alice Pantfoeder
Antonio Philippe
Phototake
Jean Claude Revy
Alice Roche
Paul Scott
Nikki Sussman
Alice van Kempen
C. James Webb

Illustrationen Renee Low

© Copyright 2007 Aqualia 03 s.l.
© Copyright German edition bede-Verlag GmbH
3. Auflage 2007
Alle Rechte vorbehalten
Fachliche Durchsicht: Sabine Wehner, Ute Neumann
ISBN 978-3-933646-29-3
bede-Bestell-Nr. PR 006

Boxer

◇

Manuel Fritz

Inhaltsverzeichnis

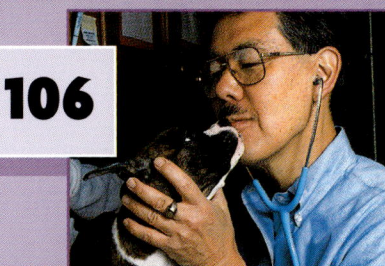

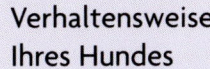

Die Vorfahren des Boxers waren ursprünglich zur Jagd auf Schweine, Keiler und Hirsche gezüchtet und ausgebildet. Der heutige Boxer ist primär ein Wachhund und Liebhaberhund.

Ursprung des Boxers

Die meisten Hunde-Geschichtsschreiber vermuten, daß der Boxer von Bullenbeißer-Vorfahren abstammt. Diese Bullenbeißer waren Jagdhunde und wurden meistens zur Wildschwein- und Hirschjagd gebraucht. Diese Jagdexpeditionen kosteten häufig vielen Hunden das Leben, weil die Jagd für Mensch und Tier grausam und schrecklich war - nicht zu reden vom Wild. In einigen Quellen werden diese massiven mittelalterlichen Hunde als steh-

ohrig und mit mächtigen Zähnen ausgestattet beschrieben. Sie sollen dazu abgerichtet gewesen sein, die Tiere an der Nase zu fassen und zu halten. Wahrscheinlich waren es diese Jäger, die den Hunden die Ohren in der Form beschnitten, wie es heute noch in manchen Ländern getan wird – solch ein grausamer Brauch würde gut zu den Menschen dieses Zeitalters passen. Nicht alle Generationen von Hunden haben in solch zivilisierten Zeiten

Der Internationale Champion „Formular Miller" aus norwegischer und kanadischer Zucht. Boxer von hoher Qualität sind nicht nur in Deutschland sondern überall auf dem europäischen Kontinent und in England erhältlich.

Boxer wurden selten wenn überhaupt zum Kampf benutzt, weil sie weder wendig noch klein genug waren, um den Angriffen der Bullen zu widerstehen.

Wußten Sie schon?

Erst im 19. Jahrhundert nahmen die Menschen wirklich Notiz von den Hunden um sie herum, beobachteten ihr Aussehen, ihre Farbe und ihre Größe. Bis dahin waren die Hunde ausschließlich Helfer – einige Hunde jagten, manche Hunde töteten Ungeziefer und wieder andere beschützten das Eigentum. Niemand verpaarte den großen schwarzen Rüden mit der großen schwarzen Hündin, weil sie beide groß und schwarz waren. Vielmehr verpaarten die Menschen Hunde je nach ihren Fähigkeiten. Um einen großen Schutzhund zu produzieren, haben sie zwei Hunde verpaart, die beide gute Schutzhund-Qualitäten aufwiesen. So entstanden verschiedene Hunderassen mit unterschiedlichen speziellen Fähigkeiten.

gelebt wie die Hunde heute! Es wird allgemein herausgestellt, daß unser heutiges Zeitalter das zivilisierteste und akzeptabelste Zeitalter ist, das jemals in der Geschichte erwähnt wurde. Die Vorfahren unseres geliebten Boxers hatten es nicht so leicht. Sie tauchten zu einem Zeitpunkt auf, als die Menschen blutige Sportarten liebten. Das Bullenbeißen und Kämpfen zwischen Hund und Bär waren eine beliebte Attraktion, für die ein Hund gebraucht wurde, der stark, beweglich und furchtlos war, damit er eine Chance hatte, zu gewinnen und das zahlende Publikum zu amüsieren. Glücklicherweise waren die Vorfahren unseres Freundes, des Boxers, nicht in idealer Weise für dieses blutige Zeitalter geeignet. Sie waren weder beweglich noch klein genug, um Verletzungen durch

Hörner und Hufe des angegriffenen Bullen zu vermeiden, der natürlich mit aller Kraft versuchte, sich selbst gegen die Kiefer des Hundes zu schützen. Die kleineren Hunde waren schneller und besser geeignet für diese blutigen Kämpfe. Die Zwerggladiatoren (Gewicht ungefähr 35 bis 55 Pfund) taten sich in der Hundekampf-Arena hervor, indem sie fremde Hunde bekämpf-

ten. Der „Sport" der Hundekämpfe folgte direkt auf den Fersen der Kämpfe gegen andere Tiere und Hundekämpfe trugen sogar noch mehr ein. Noch heute wird dieser grausame Sport in einigen Ländern, zum Beispiel auch in so „zivilisierten Nationen" wie Amerika, ausgeübt. In der Mitte des 19. Jahrhunderts wurden sowohl Bullenbeißen als auch Hundekämpfe von der deutschen Regierung verboten.

Bei zivilisierteren und gebräuchlicheren Menschen wurden die Vorfahren des Boxers im Allgemeinen als Metzgerhunde gehalten. Hier wurde besonders ihre Fähigkeit geschätzt, einen Bullen zu stoppen und zurück in seinen Stall zu treiben, wenn er außer Kontrolle geriet. Es wird angenommen, daß ein Hund Namens „Boxl", der einem Berliner Metzger gehörte, der Rasse seinen Namen gab. 1894 wurde die Rassebezeichnung Boxer zum ersten Mal gedruckt und zwar von einem berühmten Bulldoggen-Züchter namens Friedrich Roberth. Sein Artikel, der in der Tagespresse erschien, lobte den Boxer für seine Intelligenz und sein Erscheinungsbild und stufte den Hund höher ein, als alle anderen Rassen, die Roberth jemals besessen hatte. Er sagte zwar, daß seine Boxerhündin eine Gaumenspalte und lose Schultern hatte, jedoch in allen anderen Bereichen sehr viel Eindruck auf alle machte, mit denen sie zusammentraf. Er konstatierte auch, daß es keinen Züchter deutscher Boxer gebe, der eine ernsthafte Zuchtplanung erarbeitet hätte, so daß es schwierig sei, einen Wurf mit mehr als ein oder zwei guten Welpen zu finden, Roberths Artikel schließt mit der Bitte, daß irgend eine ernsthafte und erfahrene Person einen Boxer-Club in Deutschland gründen solle. Eine neue Rasse wird auch heute noch am besten von jemanden vertreten, der sie bewundert. Roberth wußte, daß dies der einzige gangbare Weg sein würde, um der neuen Rasse zu helfen, in Deutschland Fuß zu fassen. Glücklicherweise sind die Deutschen wie auch die Engländer niemals abgeneigt, einen Verein zu gründen! Inner-

Die erste Hundeausstellung, an der Boxer teilnahmen, fand wohl 1895 in München statt. Seit dieser Zeit hat der Boxer große Veränderungen durchgemacht. Der heutige Boxer ist einheitlicher in Bezug auf Körperbau und Wesen.

Der Ausdruck eines guten Boxers sollte stolz und aufmerksam sein.

halb eines Jahres nach Roberths Appell wurde 1895 der Münchener Boxer-Club gegründet. Auf der ersten Hundeausstellung, auf der Boxer zugelassen waren (mit einer Meldezahl von vier Hunden!) war „Flocki", im Besitz von G. Mühlbauer aus München, der erste Hund, der in seiner Klasse einen Sieg errang. Roberth und eine handvoll Boxerfans gründeten in diesem Jahr den Deutschen Boxer-Club und Roberth wurde ausersehen, einen Standard für die Rasse zu entwerfen. Ein Standard ist eine niedergelegte Beschreibung, in der der ideale Vertreter der Rasse beschrieben wird; so ein Dokument wird, wenn es einmal vom Club anerkannt ist, der Maßstab für Züchter und Richter. Der erste Satz dieses frühen Standards beschreibt immer noch perfekt unseren Boxer: Das äußere Erscheinungsbild zeigt einen kompakten, stämmigen, soliden und lebhaften Hund, der stolz dasteht und sich auf geraden gesunden Beinen vorwärts bewegt. Dieser Standard basierte auf dem Boxer, der als der beste Hund weit und breit

Der Standard ist der Maßstab für Züchter und Richter.

angesehen wurde. Sein Name war „Flock St. Salvador" und er gewann im Jahre 1896 die erste Boxer-Ausstellung. Das berühmte deutsche Boxer-Magazin, „Die Boxer-Blätter", wurde 1904 aus der Taufe gehoben und wird heute noch herausgegeben.

Der Hund, welcher zum wichtigsten Zuchthund der Rasse wurde, ist Champion „Rolf vom Vogelsberg", im Besitz von Philip Stockmann, der als „Vater des Boxers" angesehen wird. Seine Frau, die genauso berühmt wurde, war Friederun Miriam Stockmann, die den Siegeszug ihres Zwingernamens „vom Dom" nach dem Tode Ihres Gatten fortsetzte. Im ersten Weltkrieg wurde der Boxer schnell als Militär- und Nachrichten-Hund ausgewählt. Die Stockmanns gaben viele Boxer ans Militär ab und Philip Stockmann arbeitete als Ausbilder für die verschiedenen Bereiche, während Frau Stockmann allein zu Hause blieb und den Zwinger versorgte. Der Krieg erforderte viele Gebrauchshunde für Melde- und Wachzwecke. Unter den ersten Hunden, die hierfür ausgesucht wurden, waren die erprobten und berühmten Boxer-

Champions, die der Rasse ihre Robustheit und atlethischen Fähigkeiten mitgegeben hatten. Nach den Regeln des deutschen Kennel-Clubs mußte ein Hund zum Erlangen des Champion-Titels auch seine Arbeitsqualität nachweisen, so daß Champions offensichtlich die erste Wahl bedeuteten, weil sie bereits als Schutzhunde ausgebildet waren. Viele Hunde, die beim Militär dienten, starben im Krieg, so auch hunderte von Familien- und Liebhaberhunden. „Rolf vom Vogelsberg" bewies seinen Wert als Kriegshund und überlebte den ersten Weltkrieg (er zeugte auch während des ersten Weltkriegs ein paar Würfe!). Als Ausstellungshund war er ungeschlagen und errang fünf Champion-Titel, den letzten davon nach dem Krieg.

Kurz nach dem Krieg hatten die Stockmanns eine weitreichende Berühmtheit für ihre exzellenten Boxer erreicht

---

Wußten Sie schon?

Boxer wurden seit dem ersten Weltkrieg für militärische Zwecke eingesetzt. Sie dienten als Wachhunde, Minenspürhunde und zur Rettung verwundeter Soldaten. Außerdem brachten sie zuverlässig Nahrungsmittel und Medikamente an schwerzugängliche Orte.

---

und viele reiche Amerikaner kauften deutsch gezogene Boxer, um ihr Zuchtprogramm zu verbessern. Frau Stockmann, die während des Krieges viel Schweres erduldet hatte und wenig Geld besaß, um ihren Zwinger zu erhalten, war gezwungen, einige ihrer besten Hunde zu verkaufen. Einer dieser Hunde war Champion „Sigurd vom Dom",

einer der vielversprechendsten Zuchthunde, gefolgt von dem großen Champion Lustig vom Dom, der als einflußreichster Boxer aller Zeiten angesehen wird. Es waren die Tulgey Wood Zwinger in Amerika, die Lustig kauften und aus dieser Linie entstammt der wohl größte Ausstellungs-Hund aller Zeiten, Champion „Bang Away Of Sirrah Crest", ein Hund, der noch heute als der ultimative Boxer angesehen wird.

Der zweite Weltkrieg zwang Frau Stockmann zu verzweifelten Maßnahmen, obwohl ihre Boxer unter den Hunden waren, die einer Zuteilung von Essensmarken als wert erachtet wurden. Die deutsche Regierung entschied, welche Hunderassen, basierend auf ihrer Brauchbarkeit, es wert waren, zu überleben. Der Boxer war der zweite Hund, der ausgesucht wurde,

Der frühe deutsche Boxer, um 1900, wurde auf diesem berühmten Foto, von Dr. Gretel Maria Ehrenstein, charakterisiert, eine berühmte Wiener Schönheit. Beachten Sie, daß schon auf diesem Bild die Ohren kupiert waren.

Der deutsche Boxer von 1903 zeigte Ähnlichkeit mit der französischen Bulldogge und dem Boston-Terrier, obwohl eine direkte Abstammung nicht nachgewiesen werden kann.

Der Boxer wurde als Bullenbeißer benutzt, wie auch die englische Bulldogge um 1890.

direkt nach dem Deutschen Schäferhund. Frau Stockmann bildete Boxer als Meldehunde aus, in der Hoffnung, daß diese Tiere außerhalb der Feuerlinie arbeiten würden. Auch hier zeigte sich der Boxer als außergewöhnlich gut geeignet, was nicht überrascht. Amerikanische Truppen, die in Deutschland stationiert waren, bewunderten den Boxer aufs Höchste und viele grün Uniformierte erzählten Frau Stockmann, daß der Boxer in Amerika auf Platz eins der beliebtesten Rassen stände. Frau Stockmann war froh, von der Popularität des Boxers in Amerika zu erfahren, wußte sie doch dadurch, daß ihre geliebte Rasse weltweit erhalten bliebe.

Was heißt Schutzhund?

Das Wort „Schutzhund" wird ohne Übersetzung auch in der englischen und vielen anderen Sprachen so gebraucht. Viele der deutschen Gebrauchshunderassen, wie eben der Boxer, aber auch der Dobermann, Rottweiler und der Deutsche Schäferhund fallen unter diesen Oberbegriff. Entwickelt zu Beginn des 20. Jahrhunderts beeinhaltet die Schutzhundausbildung auch Unterordnung und Fährtenarbeit. Eine wichtige Grundregel ist die, daß der Hund bellen muß, bevor er zubeißt und sich dann an seinem Gegner festbeißt und ihn erst auf Kommando wieder losläßt.

Der Boxer von 1905 zeigte stärkere Merkmale des Boston-Terriers als es heute zulässig ist.

14

Ein paar Jahre später wurde Frau Stockmann in die Vereinigten Staaten eingeladen, wo sie Boxer richtete. Mehrere amerikanische Top-Züchter schenkten ihr Hunde. In der Zeit, die sie in den Vereinigten Staaten verbrachte, hatte Frau Stockmann die Gelegenheit, den drei Monate alten „Bang Away Of Sirrah Crest" zu richten. Sie verlieh ihm den Titel „Bester Welpe" in einer Konkurrenz von über 110 Welpen und bezeichnete ihn als kleinen Lustig. Niemals war ihr Auge für Hunde präziser gewesen, weil „Bang Away" später den Rekord von 121 Best-In-Show-Titeln errang, inklusive dem Sieg auf der berühmten Westminster-Kennel-Club-Ausstellung.

DER BOXER IN ENGLAND

Philip Stockmann, der berühmte deutsche Boxerzüchter, klagte in seinem Buch „Mein Leben mit Boxern" über den Namen der Rasse. Er bemängelte, daß dieser eindeutig deutsche Hund einen englischen Namen hat. Wir müssen jedoch bedenken, daß der Boxer durchaus auch in England seine Wurzeln hat, denn er enthält mehr als nur ein bißchen Bulldoggen-Blut. Der erste importierte Boxer kam 1933 in England an und wurde im Kennel-Club registriert. 1939 wurde der erste Champion verzeichnet: Champion „Horsa Of Leith Hill", gezüchtet von Missis D. Sprig, der ersten Vorsitzenden des britischen Boxer-Clubs, der drei Jahre zuvor, 1936, gegründet worden war. Trotz „Horsas" Qualifikation hatte er keinen dauernden Einfluß auf die Boxerzucht in England, somit blieb die Rasse relativ unbekannt bis nach dem zweiten Weltkrieg.

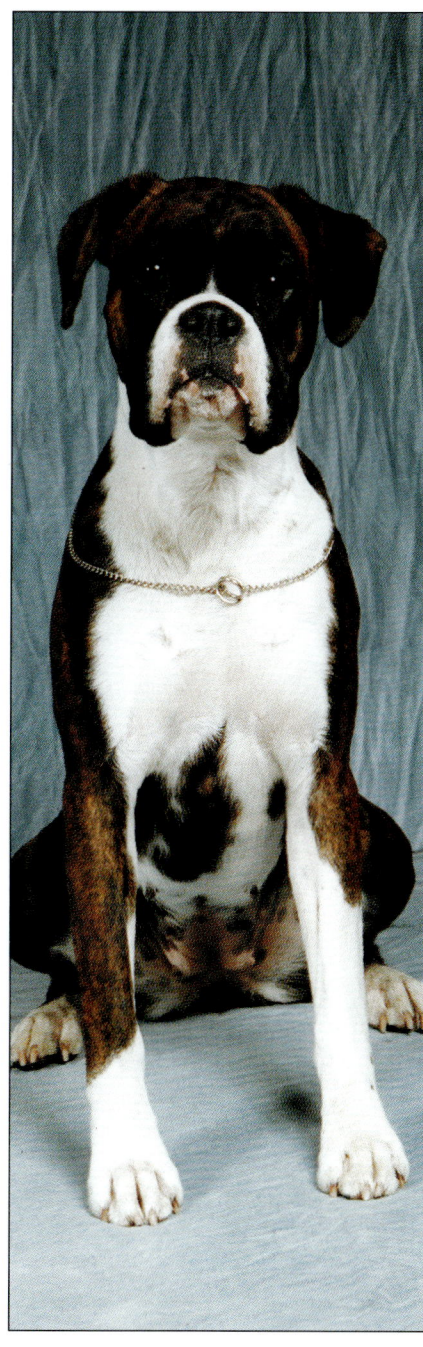

Ein hübscher, moderner britischer Boxer zeigt seine typischen weißen Abzeichen.

Von 1936 bis 1953 importierte Allon Dawson, der den Stainburndorf-Zwinger führte, viele Boxer aus Holland, Deutschland und Amerika nach England. Der wichtigste dieser Hunde war Champion „Zünftig vom Dom", ein Sohn von „Lustig", gezüchtet von den Stockmanns. Obwohl „Zünftig" nur kurze Zeit in England war, bevor er nach Amerika gesandt wurde, zeugte er den großen „Zulu", der später einen hervorragenden Einfluß auf die englischen Boxer errang. Ein anderer berühmter deutscher Importhund von den Stockmanns war „Fröhlich vom

Einfarbige gestromte Hunde sind weniger beliebt als farbigere.

Dom", der zu dieser Zeit als bester deutscher Importhund angesehen wurde. Aus Amerika erhielt Dawson hervorragende Hunde von Mazelaine und Sirrah Crest, zwei der einflußreichsten Zwinger in den Staaten. „Panfield Serenade", Besitzerin Elizabeth Montgomery-Somerfield, war die erste Champion-Hündin im Kennel-Club. „Serenade" war eine Enkeltochter von „Lustig". Pat Withers vom Zwinger Witherford züchtete ebenfalls hervorragende Ausstellungshunde, insbesondere eine Linie von vier Generationen von Champions. Ihr berühmtester Hund ist der Internationale Champion Witherfords „Hot Chestnut", der zurückgeht auf „Collo vom Dom", Züchterin Frau Stock-

mann. Egal welches Land man besucht, der Einfluß des Zwingers „vom Dom" ist überall zu spüren. Eine bleibende Erinnerung an die großartige Züchterin Frau Stockmann.

Der amerikanische Einfluß auf die Boxer in England, kann zurückverfolgt werden, auf den Respekt des Landes für John P. Wagner, der England in den fünfziger Jahren besuchte. Wagner war der Eigentümer des bekannten Mazelaine-Zwingers, eine der größten Boxerzuchtstätten überhaupt. Die Eleganz des Boxers, gekennzeichnet unter Anderem durch den weißen Streifen am Kopf und die weiße Brust- und Pfotenzeichnung, ist von vielen berühmten amerikanischen Ausstellungshunden bekannt. Die einfarbig falben Hunde, besonders bekannt aus der englischen Boxer-Zucht, mußten in ihrer Beliebtheit gegenüber dem amerikanischen Typ zurücktreten. Champion „Seefelds Picasso", gezüchtet von Pat Heath, ist ein gutes Beispiel für einen mehrfarbigen Boxer, der in den USA große Erfolge hatte (er errang 24 Challenge-Zertifikate). Einer derjenigen, die schon sehr früh farbige Boxer ausstellten, war Charles Walker vom Lynpine Zwinger, dessen Hunde zurückgehen auf „Hot Chestnut" (und so auch auf Frau Stockmann). Walker nahm auch viele große holländische Boxer in seine englischen Linien hinein. Die Newlaithe Boxer, deren Besitzer Christine und Patric Beardsell waren, gehen zurück auf „Fröhlich vom Dom". Dieser Zwinger hat ebenfalls mehrfarbige amerikanische Boxer von Richard Tomita vom Jacquet Zwinger importiert.

Der typische englische Boxer von hoher Qualität gleicht mehr dem amerikanischen Boxer, als dem früheren englischen Hund.

Boxer-Fans wollen immer noch einen Boxer, der wie ein Boxer aussieht. Bedenken Sie alle Punkte des Standards, wenn Sie Ihren Boxer aussuchen, auch wenn Sie keinen Hund für die Ausstellung kaufen.

ABC in den USA

Der amerkanische Boxer-Club-Inc., bekannt als der ABC, hält jedes Jahr eine nationale Spezialausstellung ab; – schon seit 1936. In den frühen Jahren der Boxer-Zucht in Amerika, wurden hauptsächlich deutsche Importhunde Erstplatzierte auf diesen Ausstellungen. Der erste Sieger war Champion „Corso vom Uracher Wasserfall Se Sumbula", gezüchtet von Karl Walz aus Deutschland. Bei den ersten Ausstellungen wurden nur ungefähr 50 Hunde gezeigt, inzwischen sind jedesmal etwa 400 Boxer gemeldet. Im Vergleich zu den Zahlen der Hunde, die in England ausgestellt werden, scheint dies sehr wenig. Wenn man jedoch die Größe der Vereinigten Staaten bedenkt dann repräsentiert diese Anzahl nur die Hunde, die in der Lage sind, zur Ausstellung anzureisen, denn diese wird jedes Jahr im Nordosten des Landes abgehalten.

DER BOXER IN DEN VEREINIGTEN STAATEN UND ÜBERALL IN DER WELT

Der Boxer, dessen einstige Anfänge in Deutschland als Mischling und Sau-Packer zu suchen sind, entwickelte sich zu großer Berühmtheit in der ganzen Welt. Amerikanische Züchter haben signifikanten Einfluß auf die Rasse in vielen Ländern gehabt, sie haben viele Hunde exportiert um neue Linien aufzubauen und so den Typ des definitiven „Ausstellungs-Boxers" geschaffen. Die amerikanische Hundeszene hat sich niemals von den großen Erfolgen des Rüden, „Bang Away", in den Fünfzigern, erholt. Dieser geborene Ausstellungshund wurde sowohl auf den Titelblättern von Hunde-Zeitungen als auch auf Sport-Zeitschriften gezeigt. Er bahnte den Weg für andere Ausstellungshunde und deren astronomische Erfolge im Ausstellungsring. Obwohl „Bang Aways" Rekord von 121 Best-In-Shows im Zeitalter des modernen Reiseverkehrs, von vielen anderen großen Ausstellungshunden übertroffen wurde, hat kein anderer Boxer jedoch bisher an diesen Erfolg angeknüpft! Als „Bang Away" 1951 die Westminster-Kennel-Club-Ausstellung im Madison Square Garden gewann, war der Boxer auf Rang 1 in der Beliebtheitsskala des amerikanischen Kennel-Clubs (heute rangiert der Boxer unter den ersten zwanzig, erreicht aber nur selten eine höhere Plazierung als den zehnten Platz). „Bang Aways" Nachfolger als Boxer, der einen Westminster-Sieg errang, war Champion „Warlord Of Mazelaine", gezüchtet von John P. Wagner, Besitzer Mister und Mrs. Richard Kettles. Sein Nachfolger war Champion „Arribas Prima Donna", Züchter Theodore S. Fickes, DVM.

Wußten Sie schon?
Der Boxer wurde auf mehr Gebieten im Dienst des Menschen eingesetzt als beinahe jede andere Rasse. Sehen Sie hier acht bedeutende Arbeitsfelder des Boxers:

1. Kriegs- und Militärarbeit

2. Polizeihunde-Arbeit

3. „Hörende Hunde" für Taube

4. Sprengstoff- und Bombensuche

5. Drogen- und Zollhunde-Arbeit

6. Wachhund für öffentliche Gebäude und Privatleute

7. Such- und Rettungshunde

8. Therapie-Hunde in Krankenhäusern

Boxer können sich mit jedem anfreunden – sogar mit so einem merkwürdigen Langohr.

Der amerikanische Boxer-Club (ABC) wurde 1936 gegründet, im selben Jahr in dem auch die Deutschen ihren Club gründeten. In diesem Jahr hielt der ABC auch seine erste Spezial-Ausstellung für Boxer ab. Diese wurde von Champion „Corso vom Uracher Wasserfall Se Sumbula" gewonnen, gezüchtet von Karl Walz aus Deutschland. Unter den Ausstellungsgrößen, die auf dieser Schau konkurrierten, waren Champion „Warlord Of Mazelaine", Champion „Bang Away Of Sirrah Crest", die beide auch die West- minster-Kennel-Club-Ausstellung gewannen, Champion „Baroque Of Quality Hill", Champion „Treceder's Painted Lady", Champion „Salgray's Fashion Plaid", Champion „Arribas Prima Donna", die ebenfalls eine WKC-Best-In-Show Siegerin war, Champion „Scher-Khoun Shadrack" aus dem bekannten kanadischen Zwinger von Ben De Boer, Champion „Wagner Wilverday", „Famous Amos", ein viermaliger Sieger und Champion „Kiebla's Tradition Of Tu-Ro", ein dreimaliger Sieger (und dreimal Reserve-

Viele bekannte britische Zwinger haben Boxer von amerikanischen Züchtern importiert um ihren Hunden mehr Adel und Substanz zu geben.

Sieger als Best Of Opposite Sex). Die Liste dieser Ausstellungsgrößen zeigt in etwa die großartigen Zuchterfolge in Amerika. Die Nachkommen dieser hervorragenden Hunde gingen mit außerordentlichen Erfolgen in den Staaten und in vielen anderen Ländern in die Zucht.

In Kanada wurde der Boxer 1934 zum ersten Mal registriert. Der erste registrierte Hund war „Anthony Adverse Of Barmere", Besitzerin Marion Young, die „Sigurd vom Dom" von Frau Stockmann gekauft hatte. Die amerikanische Hundeszene hatte schon immer großen Einfluß auf die kanadische Hundewelt gehabt. Dies ergibt sich aus der Größe der USA, der direkten Nachbarschaft und der offenen Grenze zwischen den beiden Nationen. Unter den ersten kanadischen Zwingern muß man „Quality Allison Blossom Lear", „Harvyland" und „Malabar" nennen. Der Kanadische Boxer-Club wurde 1947 gegründet, nachdem der erste Club, der Western Boxer Club, im vorangegangenen Jahr, verschwunden war. Unter den bekanntesten Boxern der Nation muß man den Internationalen Champion Millan's „Fashion Hint" nennen, der aus der Salgray-Linie stammt. Er zeugte über hundert Champions, einschließlich seines weltbekannten Sohnes Internationaler Champion Scher-Khoun's „Shadrack", der ebenfalls über hundert Champions zeugte. „Fashion Hint" wurde von Michael Millan gezüchtet und ausgestellt. Erfolgreiche Zwinger in Kanada sind beispielsweise Ajay, Bellcrest, Blossomlea, Chardepado, Diamondaire, Fisher, Gaylord, Glencotta, Golden Haze, Haviland, Jaegerhouse, Memorylane, Mephisto, Millan, Pinepath,

Rodonna, Scher-Khoun, Shadowdale, Starview, Trimanor und Verwood, von denen jeder nicht weniger als zwanzig Champions gezüchtet hat. An erster Stelle dieser beeindruckenden Aufzählung steht Haviland, der etwa dreimal mehr Champions als jeder andere gezüchtet hat, nämlich insgesamt mehr als 150 Champions.

In den Niederlanden wird die Boxerszene von Piet van Melis angeführt, dessen Beobachtungen über England und den Kontinent wertvoll sind: „In England gibt es weniger Unterschiede zwischen den einzelnen Hunden, da die Richter und die Züchter sich mehr nach der allgemeinen Qualität des Hundes orientieren. In den restlichen europäischen Ländern wird das größte Augenmerk auf den Kopf des Boxers gelegt. Dann folgt der Körper, und die Bewegung ist das letzte Kriterium, das überprüft wird.

Trotz der deutschen Vorherrschaft in der Boxerzucht haben die Niederlän-

Auf diesem lustigem Foto ist die Ähnlichkeit des Boxers mit einer englischen Bulldogge überdeutlich.

der viele hervorragende Hunde produziert, beispielsweise Herrn von Melis's Internationalen Champion „Casper van Worikben".

Nach dem zweiten Weltkrieg wollten die Niederländer, trotz deutscher Vorherrschaft in der europäischen Boxerzucht, unabhängig von Deutschland sein und setzten die Verwendung deutscher Zuchtlinien nicht fort. Im Laufe der Jahre entwickelten die Niederländer einen harmonischen Boxer, der schwer, stark und rund, kurzhaarig und mit einem hervorragenden Kopf, dessen Proportionen und Länge gut zum Körper passen, ausgestattet ist.

Die Ahnentafeln deutscher Boxer enthalten häufig Prüfungsergebnisse, die zum Namen hinzugefügt werden.

In Deutschland muß ein Boxer verschiedene schwierige Prüfungen durchlaufen, um einen Champion-Titel erlangen zu können. Diese Prüfungen betreffen Gesundheit, Körperbau und Wesen. Zuerst ist eine Grundprüfung zu nennen, die Zuchtveranlagungs-Prüfung. Sie erfordert eine Untersuchung der Hüften. Zusätzlich muß ein Hund alle drei Stufen der Schutzhund-Prüfungen ablegen und drei Stufen der internationalen Prüfungs-Ordnung. Hinzu kommt die sogenannte Körung, eine schwierige Überprüfung von Wesen, Körperbau und Arbeitseigenschaften, die alle zwei Jahre wiederholt werden muß. Die deutschen Ahnentafeln führen die Ergebnisse dieser Prüfungen auf, so daß die

Züchter ohne Schwierigkeiten genau feststellen können, welche Qualität die Vorfahren ihrer Hunde in Bezug auf Wesen, Gesundheit und Arbeitseigenschaften hatten. Im Gegensatz zu den Vereinigten Staaten und Großbritannien, wo in den Ahnentafeln nur die Namen der Vorfahren und ihre eventuellen Champion-Titel aufgeführt werden, können die Züchter aus deutschen Ahnentafeln alle Bereiche von Informationen ersehen, die sie für wichtig erachten, um zu entscheiden, ob sie einen bestimmten Hund in die Zucht nehmen oder nicht. Zum Glück für die internationale Boxerszene gehen mehr und mehr Zuchtverbände zu dieser Form der Buchführung über.

Der erste amerikanische Boxer, der nach Japan importiert wurde, war 1957 im Mazelaine-Zwinger gezüchtet worden. Kurz danach wurde Champion Canzonet's „Minute-Minder" importiert, dessen Nachkommen in den 60er Jahren häufig in Japan zu sehen waren. Der amerikanische Einfluß auf die japanische Zucht war sehr groß. Der Zwinger Mazelaine verkaufte einige seiner besten Hunde nach Japan, zum Beispiel zwei ABC-Best-In-Show-Sieger. Einer der prominentesten japanischen Boxerzüchter, Dr. Hideaki Nakazawa, der auch in Amerika ein beliebter Richter ist, hat viele große Boxer aus den Staaten gekauft, zum Beispiel den Internationalen Champion Jacquet's „Urke" aus dem berühmten Zwinger von Richard Tomita in New Jersey. Drei andere Jacquet-Boxer folgten, unter anderem der weltbekannte Internationale Champion „Novarese" und der jacquet-typische Hund – stark mehrfarbig – begann in Japan vorzuherrschen. Die Jacquet-Boxer wurden nach Japan und in viele andere Länder

Der Skandi-navische-, Norwegische- und Schwedi-sche Champi-on „Larun Your Choice" wurde aus Champion-Hunden in Norwegen und Finnland gezüchtet.

exportiert. Denkt man jedoch an die japanischen Vorfahren des Züchters Richard Tomita, ist es kein Wunder, daß er so großzügig seine Hunde mit dem Heimatland seiner Eltern geteilt hat. Unter den anderen Ländern, die stark vom Zwinger Jacquet beeinflußt wur-den, sind Argentinien, Australien, Bra-silien, Kanada, Indien, Japan, die Phi-lippinen, Taiwan und Mexiko. In sei-nem monumentalen Buch „The World Of The Boxer" schreibt Richard Tomi-ta: „Ich bin glücklich, zu sehen, daß der Zwinger Jacquet vielen Linien und Zwingern in der ganzen Welt geholfen hat, die Boxer-Zucht zu begründen... Ich bin den ergebenen Boxer-Fans und -Züchtern dankbar, die mir mit ihren Kenntnissen oder ihren starken Zucht-linien geholfen haben, so daß ich in der Lage war, die wunderbare Boxerwelt weiterzuführen".

Einer der großartigsten Boxerköpfe der Welt wird hier stolz gezeigt, von dem berühm-ten Spa-nischen Champion „Janos de Loermo of Lynpine".

*Viele Hunde-
liebhaber
wählen
einen Boxer
in Cham-
pion-
Qualität,
weil sie
großen Spaß
am Ausstel-
len haben.*

Warum ein Boxer?

**IST DER BOXER
DER RICHTIGE HUND FÜR SIE?**

Unser heutiger Boxer hat wenig zu tun mit dem bullenbeißenden Kampfhund der Vorzeit. Ich bin sicher, daß Ihr Beweggrund für die Anschaffung eines Boxers nicht darin liegt, ihn anzuketten und zu beschimpfen. Es ist aber faszinierend, etwas über die Ursprünge unseres geliebten Boxers zu erfahren. Heutzutage können sich nur wenige von uns etwas unter diesem legendären Hund vorstellen. Wir können uns jedoch ausmalen, daß ein Hund, der dazu gebraucht wurde, einen wilden Keiler auf dem Waldboden festzuhalten, Mut, Standfestigkeit und Kraft brauchte. Dies sind drei erstrebenswerte Ei-

genschaften für einen Schutzhund. Zu diesem Zweck wird der Boxer heutzutage an vielen Stellen eingesetzt. Ich bin nicht sicher, ob die ursprüngliche Aufgabe der Rasse viel Intelligenz auf Seiten der Hunde erforderte. Es sieht nicht so aus, als ob ein besonders intelligentes Tier an der Arbeit des frühen Boxers Spaß gehabt haben könnte. Die Rasse jedenfalls hat diese primitive Verwendung überlebt und es ist ein intelligenter und vielseitiger Hund daraus entstanden.

Es gibt viele verschiedene Qualitäten, die den Boxer auszeichnen. Er ist freundlich, gutmütig, familienbezogen, leicht zu erziehen und lernfähig. Das Wesen des Boxers erlaubt keine Kompromisse. Von allen Ar-

Zukünftige Besitzer, die ihren neuen Hausgenossen aussuchen. Der Boxer ist eindeutig lieb und familienorientiert und sehnt sich nach der Aufmerksamkeit von Menschen.

beitshunden zeichnet sich der Boxer durch die Freundlichkeit seines Wesens aus. Ein bissiger Boxer ist ein Unding. So ein Tier dürfte nicht existieren. Boxer sind Menschenhunde, ihrer Familie liebevoll ergeben und mit Schutzinstinkt ausgestattet. Der heutige Boxer ist sowohl ein eleganter Begleithund als auch ein hervorragender Wachhund. Er ist ein freundlicher Hund, der eine einzigartige Stellung in der Hundewelt einnimmt. Ob er stolz im Endring einer Hundeausstellung steht oder in der Mitte Ihres Gartens, der Boxer wird alle, die ihn anschauen, begeistern.

In einer Familie fühlt sich ein Boxer am wohlsten. Er ist geduldig mit den Kindern, respektiert die Erwachsenen und gehorcht jedem Familienmitglied. Boxer erkennen Freunde instinktiv. Anders als weniger kritische Hunde wie zum Beispiel Golden Retriever und Beagle akzeptiert der Boxer nicht jeden als guten Kumpel. Wenn Ihr Boxer vor einem Besucher zurückweicht oder knurrt sagt er Ihnen, daß irgend etwas faul ist. Boxer sind außerordentlich gute Menschenkenner. Ich habe mehr als einmal Ehepaare kennengelernt, die in Erwägung zogen sich zu trennen, weil ihr neuer Boxer einen von beiden nicht riechen konnte. Vielleicht interpretiert dies jedoch zuviel in die Instinkte des Boxers hinein – er ist instinktsicher, aber kein Psychologe! Wenn es heißt, der Boxer sei erzieh-

Kann ein Hund niedlicher sein als dieser? Wenn Sie sich in einen Boxerwelpen verlieben ist Ihre Zuneigung ein wichtiger Teil für die Bindung zwischen Mensch und Hund.

bar bedeutet dies nicht, daß seine Erziehung einfach ist. Ein aufmerksamer Besitzer, der die Art wie ein Boxer denkt, versteht, wird wenig Probleme bei der Erziehung seines Hundes haben. Im Gegensatz zu seinen Vorfahren neigt der heutige Boxer dazu, erst einmal „warum?" zu fragen, bevor er einen Befehl ausführt. Besonders wenn er die Übung vier- oder fünfmal nacheinander ausführen soll. Boxer neigen dazu, intelligenter zu sein als es ihnen guttut. Ich habe niemals eine geschichtliche Niederlegung darüber gefunden, daß ein mittelalterlicher Boxer sich geweigert hätte, auch noch den fünfzehnten Keiler bei der Nase zu packen. Die heutigen, moderner denkenden Boxer brauchen etwas mehr Anreiz um die Unterordnungsübungen auszuführen. Es gibt jedoch hunderte von begleithundgeprüften Boxern um uns herum, nicht zu reden von hochspezialisierten Arbeits-, Polizei- und Militärhunden. Dies spricht für die Lernfähigkeit des Boxers. Diese verschiedenen Verwendungszwecke zeigen jedoch auch die Anpassungsfähigkeit des Boxers. Er kann in beinahe jeder Umgebung mit einer Fami-

lie, einem Ehepaar oder auch einer Einzelperson leben.

Weil Boxer so menschenbezogen sind kümmern sie sich wenig um ihre Lebensumstände. Ein Boxer kann sich ebenso wohlfühlen wenn er in einer Wohnung untergebracht ist, wie in einem großen Haus mit Garten. Die Hauptsache für ihn ist, daß er genügend Ansprache und Bewegung hat. Er wird beide Wohnräume gleich gut bewachen und seine Besitzer mit seinem ganzen Her-

Boxer sind berühmt für die Fähigkeit, den Charakter von Menschen zu beurteilen. Wenn sie Sie mögen zeigen sie es.

Obwohl Boxer niemals als Wasserhunde ausgebildet wurden mögen viele sehr gerne Wasser.

Trotz ihrer liebevollen, freundlichen Natur sind viele Boxer furchtlose Wachhunde.

zen und seiner ganzen Seele lieben. Der Lieblingsfeiertag jedes Boxers ist der Valentinstag. Nicht nur weil dieser Feiertag im Winter liegt und deswegen ein großartiger Grund ist, sich am Kamin aufzuwärmen, sondern auch weil an diesem Tag Liebe und Umarmungen verteilt werden. Boxer küssen gern - fragen Sie nur einen Boxerbesitzer! Viele Züchter behaupten, daß Boxer nur bellen. Wenn sie erst mal zu einem Rudel Boxer hingegangen sind, das Ihnen mit seinem Warngebell die Ohren taub machte und wenn diese Hunde Sie dann als Freund akzeptieren, werden diese Sie zu Tode lecken. Dies soll nicht heißen, daß der Boxer

Achten Sie drauf?

Sie haben niemals wahre Liebe gekannt, bevor Sie nicht die Liebe eines Boxers erleben durften. Obwohl die Treue der Hunde allgemein bekannt ist, geht der Boxer über die Grenzen der Erwartungen weit hinaus. In einem bekannten Buch von Jeffrey Moussaieff Masson, „Dogs Never Lie About Love" zitiert er Fritz von Unruh: „Der Hund ist das einzige Lebewesen, das dich mehr liebt als du dich selbst liebst!" Ich möchte wetten, daß Fritz einen Boxer hatte! Vielleicht ist es diese Liebe zum Menschen, die die größere Intelligenz unseres Boxers entwickelte, die Freundlichkeit ihres Wesens und die völlige Verläßlichkeit der gesamten Boxerrasse.

Die Entscheidung für einen Boxer ist meist „lebenslänglich".

unfähig ist, sein Zuhause zu verteidigen. Ich mußte mehrmals erstaunt feststellen, daß mein freundlicher, liebevoller Boxer sich plötzlich in eine Bestie verwandelte, wenn er etwas Bedrohliches hörte. Neben allem Schmusen ist der Boxer immer noch ein furchtloser Wachhund. Aber insgesamt liegt in seinem Charakter mehr von einem Freund als von einem Kämpfer!

Viele Leute sagen, daß die Entscheidung für einen Boxer lebenslänglich ist. Viele der heutigen Boxerbesitzer sind mit einem Boxer aufgewachsen oder erinnern sich daran, von einem Boxer stark beeindruckt gewesen zu sein (vielleicht hatte ein Verwandter oder ein Nachbar einen solchen hervorragenden Hund). Erwachsene, die mit einem Boxer aufgewachsen sind, entscheiden sich häufig dafür, auch ihre Kinder mit einem Boxer aufwachsen zu lassen. Andererseits wollen viele Haushalte ohne Kinder einen Boxer, weil gesagt wird, er sei so intelligent wie ein siebenjähriges Kind und mit Sicherheit viel gehorsamer! Und dann gibt es noch diese „erwachsenen" Eltern, deren Kinder bereits aus dem Haus gegangen sind, die einen Boxer für ihre weiteren Lebensjahre anschaffen. Viele Boxerbesitzer behaupten, ein Zuhause ohne Boxer, wäre kein Zuhause.

Der Boxer hat seinen Wert für die Menscheit in vielen Aufgabenbereichen unter Beweis gestellt. Zusätzlich zu seiner Rolle in der Armee hat er seinen Platz als Polizeihund und unterstützt die Polizisten vieler Nationen. Im Privatbereich hat das ausgeglichene Temperament des Boxers und seine große Affinität für das menschliche Streicheln, ihn zu einem erstklassigen Mitglied der Therapiehunde und Besuchshunde für Kinder- und Altenheime gemacht. Ob die Ohren des Boxers stehen oder hängen, seine Hörleistung ist in jedem Falle hervorragend. Er

Wußten Sie schon?
Beim Aussuchen eines Boxers sollten Sie keinen Hund wählen, der größer ist, als der Standard vorschreibt. Diese Hunde werden häufiger unter Gelenkproblemen leiden und anderen Schwierigkeiten, die aus der Übergröße resultieren.

eignet sich also auch als Gehilfe für taube Menschen, die er auf wichtige Geräusche aufmerksam macht. Andere Behinderte verlassen sich ebenfalls auf den Boxer, dem Rollstuhlfahrer hilft ein Boxer als Begleithund. Der Boxer leiht den Menschen jedoch nicht nur seine Ohren, sondern auch seine Nase. Der Boxer hat Rettungshundestaffeln bei ihrer Arbeit in Erdbebengebieten unterstützt und ist fähig, Vermißte auch unter knietiefen Schneemassen zu finden.

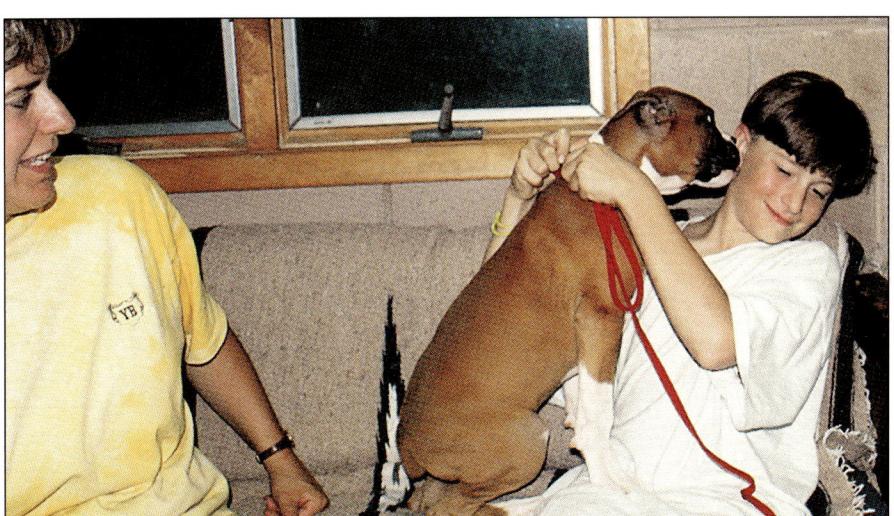

Boxer sind Küsser, sie sind Freunde, nicht Kämpfer.

Boxer sind nicht nur stolze Hunde, sondern auch angenehme Hausgenossen und Wachhunde. Die meisten Boxer sind auch leicht zu erziehen.

Der Rassestandard des Boxers

Der Rassestandard ist der beste Maßstab um zu entscheiden, welcher Boxer hervorragend ist. Der Boxerstandard, wie er vom VDH akzeptiert wurde, hat viele sehr eindeutige Teile. Der Standard wird sowohl vom Richter im Ausstellungsring als auch von den Züchtern gebraucht, die anhand des Standards entscheiden, welchen Hund sie zur Zucht verwenden. Dieser Standard ist vom Boxer Klub e. V., dem ältesten Boxerverein in Deutschland,

1990 in geänderter Form der FCI vorgelegt und von dieser anerkannt worden.

DER FCI-STANDARD DES BOXERS (NR. 144)
Neue Standardform ab 1990
Ursprungsland: Deutschland
Verwendung: Begleit-, Schutz- und Gebrauchshund
Klassifikation FCI: Gruppe 2 – Sektion 2 – Molosser – mit Arbeitsprüfung

1. Allgemeines Erscheinungsbild

Der Boxer ist ein mittelgroßer, glatthaariger, stämmiger Hund mit kurzem, quadratischem Gebäude und starken Knochen. Die Muskulatur ist trocken, kräftig entwickelt und plastisch hervortretend. Die Bewegungen sind lebhaft, voll Kraft und Adel. Der Boxer darf weder plump oder schwerfällig, noch leibarm oder windig erscheinen.

2. Wichtige Maßverhältnisse

a) Länge des Gebäudes: Widerristhöhe:
Das Gebäude ist quadratisch, d. h. die Begrenzungslinien, eine waagerechte den Rücken und je eine senkrechte die Bugspitze bzw. die Sitzbeinhöcker berührend, bilden ein Quadrat.
b) Brusttiefe: Widerristhöhe
Die Brust reicht bis zu den Ellenbogen. Die Brusttiefe beträgt die Hälfte der Widerristhöhe.
c) Länge des Nasenrückens: Länge des Kopfes:
Die Länge des Nasenrückens verhält sich zur Länge des Oberkopfes wie 1 : 2 (gemessen von der Nasenkuppe bis zum inneren Augenwinkel bzw. vom inneren Augenwinkel bis zum Hinterhauptbein).

3. Verhalten und Charakter

Der Boxer soll nervenstark, selbstbewußt, ruhig und ausgeglichen sein. Sein Wesen ist von allergrößter Wichtigkeit und bedarf sorgsamster Pflege. Seine Anhänglichkeit und Treue gegenüber seinem Herrn und dem ganzen Haus, seine Wachsamkeit und sein unerschrockener Mut als Verteidiger sind von Alters her berühmt. Er ist harmlos in der Familie aber mißtrauisch gegenüber Fremden, heiter und freundlich beim Spiel, aber furchtlos im Ernst. Er ist leicht auszubilden vermö-

Boxer-Champion sind großartige Tiere. Der Standard beschreibt den idealen Boxer.

Der Boxer

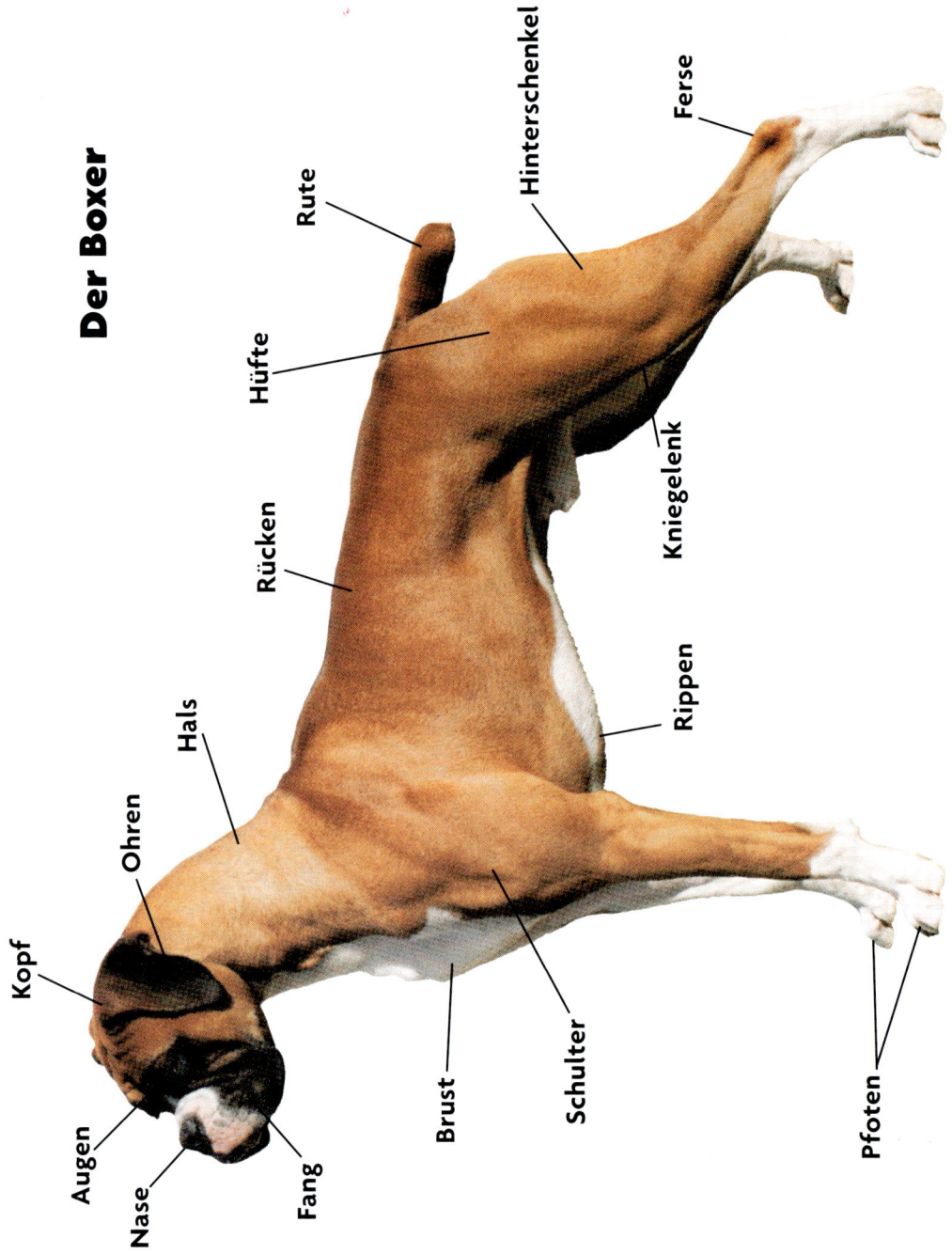

Kopf

Ohren

Hals

Rücken

Hüfte

Rute

Hinterschenkel

Ferse

Augen

Nase

Fang

Brust

Schulter

Kniegelenk

Rippen

Pfoten

gens seiner Bereitschaft zur Unterordnung, seines Schneides und Mutes, seiner natürlichen Schläue und seiner Riechfähigkeit. Bei seiner Anspruchslosigkeit und Reinlichkeit ist er gleich angenehm und wertvoll in der Familie wie als Schutz-, Begleit- oder Diensthund. Sein Charakter ist bieder, ohne Falschheit und Hinterlist, auch in höherem Alter.

4. Kopf

Er verleiht dem Boxer das Gepräge, muß in gutem Ebenmaß zum Körper sein und darf weder zu leicht noch zu schwer

Der Fang muß breit, tief und kraftvoll sein.

erscheinen. Der Fang soll möglichst breit und mächtig sein. Die Schönheit des Kopfes beruht auf dem harmonischen Größenverhältnis zwischen Fang und Oberkopf. Von welcher Richtung der Kopf auch betrachtet wird, von vorn, von oben oder von der Seite, immer muß der Fang im richtigen Verhältnis zum Oberkopf stehen, d. h. niemals zu klein erscheinen. Er soll trocken sein, also keine Falten zeigen. Naturgemäß bilden sich jedoch Falten auf dem Oberkopf beim Stellen der Ohren oder, wenn das Ohr nicht kupiert ist, bei erhöhter Aufmerksamkeit. Von der Nasenwurzel zu beiden Seiten abwärts verlaufend sind

Falten stets angedeutet. Die dunkle Maske beschränkt sich auf den Fang und muß sich von der Farbe des Kopfes deutlich abheben, damit das Gesicht nicht finster wirkt.

Schädel: Der Oberkopf soll möglichst schlank und kantig sein. Er ist leicht gewölbt, weder kugelig kurz, noch flach und nicht zu breit, der Hinterkopf nicht zu hoch. Die Stirnfurche ist nur schwach angedeutet, sie darf besonders zwischen den Augen nicht zu tief sein.

Stop: Die Stirn bildet zum Nasenrücken einen deutlichen Absatz. Der Nasenrücken darf nicht bulldog-artig in die Stirn eingetrieben, aber auch nicht abfallend sein.

Backen: Die Backen sind dem kräftigen Kiefer entsprechend entwickelt, ohne jedoch zu betont hervorzutreten. Sie gehen vielmehr in einer leichten Wölbung in den Fang über.

Fang: Der Fang sei mächtig entwickelt in den drei Dimensionen des Raumes, also weder spitz noch schmal, kurz oder flach. Seine Gestalt wird beeinflußt durch a) die Form der Kiefer, b) die Stellung der Fangzähne und c) die Beschaffenheit der Lefzen. Die Fangzähne müssen möglichst weit auseinander stehen und von guter Länge sein, wodurch die vordere Fläche des Fanges breit, fast quadratisch wird und mit dem Nasen-

Der Kopf des Boxers ist sein eindeutiges Rassekennzeichen. Er soll einen intelligenten und freundlichen Ausdruck zeigen.

rücken einen stumpfen Winkel bildet. Vorn liegt der Saum der Oberlippe auf dem Saum der Unterlippe. Der aufwärts gebogene Teil des Unterkiefers mit der Unterlippe, das Kinn genannt, darf die Oberlippe nach vorne nicht auffällig überragen, noch weniger aber unter ihr verschwinden, sondern er muß sowohl von vorn als auch von der Seite gut markiert sein. Die Fang- und Schneidezähne des Unterkiefers dürfen bei geschlossenem Fang nicht sichtbar sein, ebensowenig darf der Boxer bei geschlossenem Fang die Zunge zeigen.

Der Oberlippenspalt ist gut sichtbar.

Lefzen: Die Lefzen vollenden die Gestalt des Fanges. Die Oberlippe ist dick und wulstig, sie füllt den Hohlraum aus, welcher durch den längeren Unterkiefer entsteht, wobei sie von den Fangzähnen desselben getragen wird.

Nase: Die Nase ist breit und schwarz, ganz leicht aufgestülpt, weite Nasenlöcher. Die Nasenspitze liegt etwas höher als die Nasenwurzel.

Gebiß: Der Unterkiefer überragt den Oberkiefer und ist leicht nach oben gebogen. Der Boxer beißt vor. Der Oberkiefer ist breit am Oberkopf angesetzt und verjüngt sich nach vorn nur wenig. Das Gebiß ist kräftig und gesund. Die Schneidezähne sind möglichst regelmäßig in einer geraden Linie angeordnet, die Fangzähne weit auseinanderstehend und von guter Größe.

Augen: Die dunklen Augen sind weder zu klein noch hervorquellend oder tiefliegend. Der Ausdruck verrät Energie und Intelligenz, er darf nicht drohend oder stechend sein. Die Lidränder müssen eine dunkle Farbe haben.

Ohren: Die unkupierten Ohren haben eine angemessene Größe, weit auseinander an den höchsten Stellen des Oberkopfes seitlich angesetzt, liegen sie in Ruhestellung an den Backen an. Wenn der Hund aufmerksam ist, sollen die Ohren mit einer deutlichen Falte nach vorne fallen.

Der Bau des Boxers soll quadratisch sein.

Spitz kupierte Ohren, mäßig lang und lotrecht getragen, Ansatz nicht zu breit.

5. Hals
Die obere Linie verläuft in einem eleganten Bogen vom deutlich markierten Genickansatz zum Widerrist. Er soll von reichlicher Länge sein, rund, kräftig, muskulös und trocken.

6. Vorhand
Die Vorderläufe müssen von vorn gesehen gerade sein, parallel zueinander stehen und starke Knochen haben.

Schultern: Lang und schräg, straff mit dem Rumpf verbunden, sie sollten nicht zu stark bemuskelt sein.

Oberarm: Lang und zum Schulterblatt in einem rechten Winkel liegend.

Ellenbogen: Weder zu stark an die Brustwand angedrückt noch abstehend.

Unterarm: Senkrecht, lang und trocken bemuskelt.

Vorderfußwurzelgelenk: Kräftig, gut markiert, doch nicht aufgetrieben.

Vordermittelfuß: Kurz, fast senkrecht zum Boden stehend.

Pfoten: Klein, rund, geschlossen, dick gepolsterete Ballen mit harten Sohlen.

7. Gebäude
Quadratisch. Der Rumpf ruht auf stämmigen, geraden Läufen.

Widerrist: Soll markiert sein.

Rücken: Einschließlich der Lendenpartie, kurz, fest, gerade und stark bemuskelt

Kruppe: Leicht geneigt, flach gewölbt

Champion-Boxer wissen um ihre Schönheit, wie zum Beispiel dieser englische Ausstellungshund.

und breit. Das Becken soll lang und besonders bei Hündinnen breit sein.

Brustkorb: Tief, bis zu den Ellenbogen reichend. Die Brusttiefe beträgt die Hälfte der Widerristhöhe. Gut ausgebildete Vorbrust. Die Rippen gut gewölbt, aber nicht tonnenförmig gerundet, weit nach hinten reichend.

Untere Linie: Verläuft in einem eleganten Schwung nach hinten. Kurze, straffe Flanken, leicht aufgezogen.

8. Hinterhand

Sehr stark bemuskelt, die Muskulatur bretthart und sehr plastisch hervortretend. Die Hinterläufe sollen von hinten gesehen, gerade sein.

Oberschenkel: Lang und breit. Hüft- und Kniegelenkswinkel wenig stumpf.

Knie: Soll in der Grundstellung so weit nach vorn reichen, daß es eine vom Hüfthöcker zum Boden gezogene Senkrechte noch berührt.

Unterschenkel: Sehr muskulös.

Sprunggelenk: Kräftig, gut markiert, doch nicht aufgetrieben. Der Winkel beträgt ca. 140 Grad.

Hintermittelfuß: Kurz, mit einer geringen Neigung von 95 bis 100 Grad zum Boden.

Pfoten: Etwas länger als die Vorderen. Geschlossen, dick gepolsterte Ballen mit harten Sohlen.

Die Auslegung des Rassestandards durch den Richter entscheidet, ob Ihr Boxer eine Schleife oder einen Pokal mit nach Hause nimmt oder nicht.

Der amerikanische Rassestandard unterscheidet sich grundlegend vom englischen. Ein wichtiger Unterschied betrifft das Kupieren der Ohren.

9. Rute
Der Ansatz eher hoch als tief, kurz kupiert und aufwärts getragen.

10. Gangwerk/Bewegung
Lebhaft und voll Kraft und Adel.

11. Haut
Trocken, elastisch, ohne Falten.

12. Haarkleid
Kurz, hart, glänzend und anliegend.

13. Farbe
Gelb oder gestromt. Gelb kommt in verschiedenen Tönen vor, von hellgelb bis dunkelhirschrot, jedoch sind die in der Mitte liegenden die Schönsten (= rotgelb). Schwarze Maske. Die gestromte Varietät hat auf gelbem Grund in den obigen Abstufungen dunkle oder schwarze, in Richtung der Rippen verlaufende Streifen. Grundfarbe und Streifen müssen sich deutlich voneinander abheben. Weiße Abzeichen sind nicht grundsätzlich zu verwerfen, sie können sogar recht ansprechend sein.

14. Größe
Gemessen vom Widerrist, vorbei an Ellenbogen, bis zum Boden.

Rüden: 57 bis 63 cm
Hündinnen: 53 bis 59 cm.

15. Gewicht
Rüden: über 30 kg
(bei etwa 60 cm Widerristhöhe)
Hündinnen: ungefähr 25 kg
(bei etwa 56 cm Widerristhöhe).

Anmerkung: Rüden müssen zwei normal entwickelte Hoden aufweisen, die sich vollständig im Skrotum befinden.

Richtig	**Falsch**

Ohren

Natürlich fallende Ohren geben dem Boxer einen intelligenten und zuverlässigen Ausdruck. Kupierte Ohren sind in Deutschland verboten.

Hinterhand

Die Hinterbeine sollten gerade sein ohne Schwäche oder Kuhhessigkeit.

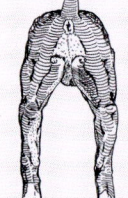 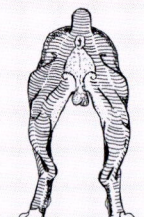

Vorderhand

Die Vorderhand sollte parallel und gerade sein. Lose Ellenbogen sind unerwünscht.

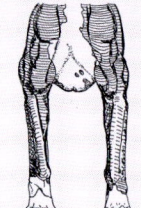 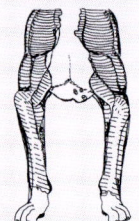

Rücken

Der Rücken sollte kurz und gerade sein. Karpfenrücken und Senkrücken sind unerwünscht.

Gangwerk

Der Boxer bewegt sich mit starkem Schub aus der Hinterhand. Im Profil zeigt er guten Vorwärtsschub.

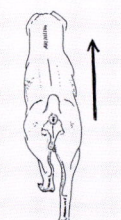  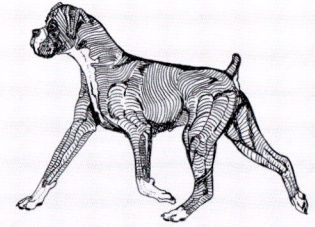

Der Boxerwelpe

VORÜBERLEGUNGEN

Jeder Bewunderer des Boxers wird sagen, daß sein Hund stolz und ausgeglichen ist. Diese Aussage kann man allgemein für jeden reinrassigen Boxer treffen, sie ist kennzeichnendes Merkmal der Rasse neben der jeweils individuellen Persönlichkeit. Aber ein Boxer ist auch ein Sensibelchen, das von menschlicher Zuwendung abhängig ist. Auch dies ist ein kennzeichnender Teil dessen, was einen Boxer ausmacht. Boxer sind vernarrt in Menschen und bekommen nie genug davon, ihre Familie zu belecken und zu küssen. Ja, sie versuchen sogar bei Besuchern ihr Glück. Wenn Sie einen Hund haben wollen, der brav in seinem Körbchen sitzt und Sie niemals belästigt, ist der Boxer nicht der richtige Hund für Sie. Wenn Sie andererseits gewillt sind, einem Boxer die Zeit und Aufmerksamkeit zu widmen, die er verdient, wird er sich als Freund fürs Leben erweisen! Wahrscheinlich sind Sie als Leser dieses Buches eher daran interessiert, einen Freund und Familienhund zu finden, als einen Ausstellungssieger; es bleiben jedoch mehrere Vorüberlegungen, die Ihre Wahl beeinflussen sollten. Die erste Überlegung ist Zeit. Nicht nur die Lebensdauer des Hundes, die zehn Jahre und darüber beträgt, sondern auch die Zeit, die man braucht, um den Hund zu pflegen und auszubilden.

Wenn Sie nicht gewillt sind, diesem temperament- und anspruchsvollen Hund in allen seinen Bedürfnissen gerecht zu werden, wenn Sie also nicht an jedem Tag bei Wind und Wetter mit dem Tier spazieren gehen wollen, dann wählen Sie keinen Boxer als Begleiter.

Ein guter Züchter wird seinen Welpen nur an Leute verkaufen, die ernsthaft und auf Dauer für einen Boxer sorgen.

Platz ist ein anderer wichtiger Faktor. Ein Boxer-Welpe mag sich in einer Ecke Ihrer Küche noch wohl fühlen. Aber nach nur sechs Monaten, wenn der Hund über zwanzig Pfund wiegt, braucht er sicherlich viel mehr Raum. Ein eingezäunter Garten ist also eine grundlegende wichtige Voraussetzung. Aber auch dort sollte der Boxer nicht stundenlang sich selbst überlassen werden. Denn auch Langeweile kann ihn zum Erkunden der Umgebung animieren. Ein Zaun ist auch deshalb wichtig, damit kein Fremder auf Ihr Grundstück kommen und den Boxer ärgern kann.

Achten Sie drauf!
Wenn Sie andere Haustiere haben oder häufig mit den Haustieren von Freunden oder anderen Familienmitgliedern zusammenkommen, wird Ihr Welpe gegenüber diesen Tieren in der selben Weise agieren wie Sie es tun. Nur wenn Sie Angst oder Zurückhaltung einem anderen Tier gegenüber zeigen, wird auch er ängstlich oder zurückhaltend sein.

Boxer sind anfällig für genetische Krankheiten. Kaufen Sie einen gesunden Welpen und lassen Sie ihn sofort nach dem Kauf von einem Tierarzt untersuchen.

Ein Boxer ist kein Zwingerhund. Er will so nah wie möglich bei Ihnen sein. Auch sein Haarkleid eignet sich nicht dafür, bei Wind und Wetter den ganzen Tag draussen zu sein. Der Boxer muß im Haus bei der Familie gehalten werden. Ein Boxer, der seine Zeit ausschließlich im Zwinger verbringt, ist ein unglücklicher Hund. Tun Sie Ihrem Boxer das nicht an. Boxer sind sehr menschenbezogen und möchten bei Ihnen sein, Ihre Zeit mit Ihnen verbringen, neben Ihnen sitzen usw.. Stellen Sie sicher, daß Sie einen Boxer in Ihrem Leben und Ihrem Zuhause haben wollen.

Denken Sie auch daran, daß Boxer-Welpen sehr neugierig sein können, was bedeutet, daß Einiges zerstört wird. Wenn Sie nicht in der Lage sind, einen Welpen 24 Stunden am Tag zu beaufsichtigen, müssen Sie damit rechnen, daß er Ihre Möbel, Türen usw. untersucht und benagt. Auf solche Unglücksfälle müssen Sie vorbereitet sein, nervlich und finanziell. Selbstverständlich braucht man nur eine vernünftige Erziehung und etwas Disziplin, um diese Probleme zu korrigieren. Wenn Sie jedoch extrem pingelig mit Ihrem Haus sind und schmutzige Pfoten und Hundehaare nicht ertragen können, kaufen Sie sich lieber ein Aquarium oder einen Wellensittich und ersparen Sie dem Boxer die Enttäuschung.

Außerdem muß ein potentieller Hundebesitzer sich der Tatsache bewußt sein, daß ein Hund seine persönliche Freiheit beschneidet. Sie können nicht mehr so ohne weiteres für ein verlängertes Wochenende verreisen, ohne vorher für die Bedürfnisse Ihres Boxers zu sor-

Versuchen Sie Ihren ausgesuchten Boxerwelpen mit seiner Mutter zu beobachten. Wenn die Mutterhündin mit den Welpen spielt, können Sie sich freuen, weil Sie wahrscheinlich einen Welpen mit ererbtem freundlichem Wesen bekommen.

gen. Vielleicht wählen Sie ein Ausflugsziel das sowohl für Sie als auch für einen Hund geeignet ist. Auf jeden Fall aber muß Ihr Boxer einen Platz in Ihrer Planung besitzen. Wenn Sie einen Boxer aussuchen und mit ihm eine wirkliche Bindung schaffen, werden Sie feststellen, daß Sie den idealen Begleiter gefunden haben, der Sie mit all Ihren Fehlern akzeptiert und glücklich über alles ist, was Sie für ihn tun. Die Lebenserwartung eines Boxers beträgt etwa zehn Jahre, vielleicht sogar ein paar mehr. Sie müssen darüber nachdenken, daß Sie einen Boxer sein ganzes Leben lang besitzen und zehn oder zwölf Jahre sind eine lange Zeit. Viele Boxer sind auch als erwachsene Hunde noch erfolgreich vermittelt worden. Glücklicherweise macht die Anpassungsfähigkeit des Boxers eine sol-

che Situation erträglicher. Vielleicht möchten Sie einen älteren Boxer von einer Hunde-Notaufnahmestelle adoptieren. Obwohl es oftmals einfacher ist, einen erwachsenen Hund zu übernehmen als einen Welpen zu erziehen, können viele Menschen sich zu einer solchen Entscheidung nicht durchringen. Wenn Sie einem Boxer in Not ein neues Zuhause geben wol-

Es ist schwierig, das Wesen eines Welpen zu beurteilen, bevor er mindestens vier Wochen alt ist.

Ein Boxer ist kein Zwingerhund. Er will so nah wie möglich bei Ihnen sein, deshalb ist er auch so einfach auszubilden.

len, rufen Sie beim Boxer- Club an oder befragen Sie Ihr örtliches Tierheim.

AUSWAHL DES BOXER-WELPEN
Aufgrund der Popularität des Boxers haben Sie eine große Auswahl an empfehlenswerten Züchtern, jedoch auch eine mindestens ebenso große Auswahl an Züchtern, die Sie besser meiden sollten. Sie sollten nach Möglichkeit den besten Boxer nehmen, den Sie bekommen können. So etwas wie einen reinen Liebhaberhund gibt es nicht. Es ist nicht sinnvoll, einen Hund unbekannter Herkunft anzuschaffen. Schlechte Qualität bei einem Haustier bedeutet nur hohe Tierarztrechnungen, verschwendete Zeit und viel persönliche Enttäuschung. Sie suchen einen Boxer, der wie ein Boxer aussieht und sich wie ein Boxer verhält. Wenn Ihnen das Äußere des Hundes egal ist, warum wollen Sie dann einen Boxer? So einfach ist das nicht. Sie wollen einen freundlichen Boxer, der ein Bild von einem Hund ist: Eine

Wenn Sie einen Boxerwelpen kaufen, müssen Sie sich darüber im klaren sein, daß Sie mindestens zehn Jahre für ihn verantwortlich sind.

Ahnentafel, aus der hervorgeht, daß seine Eltern normale Hüften haben, keine Hinweise auf Krebserkrankungen oder Ähnliches bei seinen Vorfahren aufgetreten sind und gesunde Augen. Weil die Rasse mit einigen genetischen Problemen zu kämpfen hat sollten Sie den gesündesten Hund wählen, den Sie finden können. Sie investieren nicht nur Geld in diesen Hund – Sie investieren auch Ihre Emotionen und die Ihrer Familie! Wenn der Züchter versucht, Ihnen einen Welpen geringerer Qualität anzubieten, lassen Sie sich genau erklären, worin die Qualitätsmängel bestehen. Handelt es sich nur um Äußerlichkeiten, wie schlechte Farbverteilung oder unerwünschte Zeichnung, können Sie bedenkenlos zugreifen. Lesen Sie noch einmal die Charakterbeschreibung des Rassestandards. All diese Eigenschaften sind es doch, die Sie zu der Entscheidung für einen Boxer bewogen haben.
Achten Sie darauf, daß Hundehändler, die zu Niedrigpreisen in den örtlichen Zeitungen anbieten, vielleicht nett zu ihren Hunden sind, jedoch nicht die Erfahrung oder die notwendigen Fähigkeiten haben, um

diese Hunderasse verantwortungsvoll zu züchten. Oft sind Welpen vom Hundehändler oder aus ungewisser Herkunft schlecht ernährt, zu lange allein mit Muttermilch aufgezogen, ohne rechtzeitige Zufütterung, die gerade bei einer schnellwüchsigen Hunderasse außerordentlich wichtig ist. Der Mangel an ausgewogener Ernährung kann Verdauungsstörungen, schwache Knochen, schlechte Zähne und andere Probleme verursachen. Die Tierarztrechnungen werden schnell die finanziellen Einsparungen gegenüber einem VDH-Hund übersteigen. Schlimmer jedoch sind die seelischen Verluste. Befragen Sie den Züchter über die Impfungen und die letzten Wurmkuren des Welpen. Untersuchen Sie die Ohren nach Anzeichen für Entzündungen oder Milben.

Die Farbe ist eine Frage des persönlichen Geschmacks. Egal, ob Sie einen hell-falbfarbenen Boxer mit weißen Abzeichen oder einen ge-

Boxer lieben Menschen. Da sie immer loyal und freundlich zu ihnen sind, werden sie sich leicht an ein neues Zuhause gewöhnen können.

stromten Hund bevorzugen, muß Ihr Boxer eine dunkle Nase und dunkle Krallen haben. Dies ist eine Frage des Pigments, ein Ausdruck, der nicht mit Farbe verwechselt werden sollte. Im Allgemeinen hellt der Boxer im Laufe der Zeit auf. Es ist also vernünftig, einen Welpen mit tiefdunklem Pigment und soviel Schwarz wie möglich auszuwählen. Im Alter von sechs bis zehn Wochen sollte die Nase Ihres Boxers gut pigmentiert und breit sein. Wählen Sie keinen Boxer mit einem schmalen Fang, er wird mit Sicherheit nicht die gewünschte Breite entwickeln. Wenn Sie einen falbfarbenen Hund möchten, wählen Sie eine tiefrötliche Färbung, besonders an Kopf und Rücken. Bei einem gestromten Hund achten Sie auf klare Trennung der Stromung gegenüber einem tiefroten Hintergrund. Um den gewünschten frechen Ausdruck zu

Wußten Sie schon?

Der Welpe sollte seine regelmäßigen Spielstunden genießen können, wenn er mit Ihnen oder einem Familienmitglied zusammen ist. Für einen sehr jungen Welpen kann eine Spielstunde schon aus einem kleinen Spaziergang um das Haus oder im Garten bestehen. Lassen Sie ihn einen Ball oder eine zusammengeknotete alte Socke mit dem Maul auffangen. Alle Welpen zahnen und brauchen deshalb etwas Weiches, auf dem sie herumkauen können. Beschränken Sie das Spielgebiet des Welpen auf die Bereiche des Hauses, die der Welpe auch betreten darf.

Die Farbe dieses Boxer- welpen ent- spricht nicht dem Rasse- standard, aber sie ist wirklich außerge- wöhnlich.

Diese Welpen sind intensiver gezeichnet als der fast weiße Welpe auf dem nebenstehen- den Bild.

erreichen, sollte der Boxer weiße Abzeichen auf der Brust, den Bei- nen, der Stirn und dem Fang haben. Bei Ausstellungshunden wählen die Züchter starke Pigmentierung im Gegensatz zu den weißen Abzeichen an Kopf, Brust und Beinen. Dunkle Augen sind erwünscht. Als Welpen haben Boxer jedoch bläuliche Au- gen, die mit der Zeit nachdunkeln. Achten Sie auf den Gesichtsaus- druck Ihres Welpen, er soll intelli- gent, wenn nicht sogar ein bißchen pfiffig sein. Da der auffallendste Kör- perteil des Boxers der Kopf ist, ach- ten Sie auf größtmögliche Stan- dardnähe. Der Fang des Welpen soll- te breit und tief sein. Dies ist wich- tig für den Ausdruck des Hundes als Erwachsener. Der Kopf des Welpen sollte ein paar Falten haben, die im Laufe des Wachstums verschwin- den werden. Kontrollieren Sie die Breite des Unterkiefers Ihres Wel- pen: Je breiter er ist, desto mehr Platz ist für das Wachstum des bleiben-

den Gebisses. Verlieren Sie jedoch vor lauter Kopfbetrachtungen nie- mals die Gesamterscheinung und Harmonie des Welpen aus den Au- gen. Der Richter wird später den gesamten Hund betrachten, nicht nur seinen Kopf.
Achten Sie darauf, wie sich der von Ihnen gewählte Welpe bewegt. Schon jetzt sollte der Boxer klare Bewegungen zeigen, ohne Tendenz zum Stolpern und ohne die Hinter- füße nachzuziehen. Boxerwelpen haben oft Schwierigkeiten, ihre dicken Pfoten frühzeitig zu koordi- nieren. Also verwechseln Sie diese Tapsigkeit nicht mit einem ernsten Defekt. Es ist sicherer, bei der Aus- wahl des Welpen jemanden mitzu- nehmen, der sich mit Boxern aus- kennt, falls Sie sich über die Qua- lität Ihres Hundes nicht ganz sicher sind. Die Rückenlinie Ihres Welpen sollte so gerade wie möglich sein, die Schulter leicht schräg und der Rücken kurz. Vermeiden Sie einen

Karpfenrücken, schwache Hinterhand, weiche Füße und natürlich scheue oder ängstliche Welpen.

Der Zahnstand des Welpen sollte einen Vorbiß zeigen. Das bedeutet, daß der Unterkiefer gegenüber dem Oberkiefer etwas vorsteht. Achten Sie darauf, daß die Unterkiefer so breit wie möglich gestellt sind. Die Zunge des Welpen sollte nicht hervorstehen wenn der Hund den Fang schließt. Der Zahnstand ist sowohl für den Ausstellungshund als auch für den Familienhund wichtig. Obwohl Ihr Welpe nicht vom Futtertisch verbannt werden wird, wenn die Zähne nicht korrekt stehen, könnte er Schwierigkeiten haben zu fressen und problemlos zu atmen.

VERANTWORTUNG DES BESITZERS

Nachdem Sie alle diese Faktoren bedacht haben, sind bereits mehrere sehr wichtige Entscheidungen über die Auswahl Ihres Welpen getroffen worden. Sie wählten einen Boxer aus, was bedeutet, daß Sie sich entschieden haben, welche Charakteristika Sie von einem Hund

Wußten Sie schon?

Zwei wichtige Dokumente, die Sie von Ihrem Züchter bekommen, sind die Ahnentafel des Hundes und sein Impfpaß. Aus dem Impfpaß geht hervor, daß die vom Boxer-Club und VdH vorgeschriebene Grundimmunisierung gegen die wichtigsten Infektionskrankheiten erfolgt ist. Der Züchter wird Ihnen auch sagen, wann Sie den Hund zur Nachimpfung beim Tierarzt vorstellen müssen. Die Ahnentafel ist ein Dokument, das nicht nur die Abstammung des Hundes, die Prüfungen, die Gesundheit und das Aussehen seiner Vorfahren wiedergibt, sondern auch ein Dokument, das bescheinigt, daß Ihr Welpe nach den Richtlinien des VdH aufgezogen wurde. Welpen ohne Ahnentafel oder mit dubiosen ausländischen Papieren sollten Sie nicht kaufen, da damit zu rechnen ist, daß der niedrigere Preis des Hundes sich für den „Züchter" durch Einsparungen bei der Gesundheitsfürsorge der Elterntiere und der Aufzucht der Welpen doch noch rechnet. Wenn Sie allerdings bei einem Züchter kaufen, der Mitglied beim VDH ist, bekommen Sie meist einwandfreie Tiere.

erwarten und welcher Typ Hund am besten in Ihre Familie und Ihre Lebensumstände paßt. Wenn Sie einen Züchter ausgewählt haben, sind Sie schon einen Schritt weiter gekommen – nach vielen Nachforschungen ist eine verantwortungsbewußte kenntnisreiche Person gefunden worden, die Boxer von hoher Qualität züchtet und die eine wichtige Hilfestellung geben kann, wenn Sie und Ihr Welpe Ihr gemeinsames Leben einrichten. Wenn Sie einen

Ideale Boxerwelpen sind verspielt, lebhaft und schnell. Sie dürfen weder scheu noch ängstlich sein.

Wenn Sie Ihren Boxer-welpen nach Hause bringen, muß sein Körbchen schon bereit stehen. Ein Platz, an den er sich zurückziehen kann, um ein Nickerchen zu machen.

Wurf beobachten, werfen Sie einen ersten Blick auf die Dynamik, die in einem Welpenrudel herrscht und auf diese Weise beginnen Sie, die individuelle Persönlichkeit jedes Welpen zu sehen – vielleicht haben Sie sogar bereits denjenigen herausgefunden, der am besten zu Ihnen paßt. Wenn Sie noch nicht den Boxerwelpen Ihrer Träume gefunden haben, wird Ihnen die Beobachtung eines ganzen Wurfes helfen, wichtige Verhaltensgrundlagen kennen zu lernen und festzustellen, was das Verhalten eines Welpen über

Achten Sie drauf!

Denken Sie daran, daß es immer der Welpe ist, der darunter leidet, wenn ein Hund gekauft wird, ohne daß vorher der Aufwand an Zeit und Verantwortung, die eine korrekte Hundehaltung erfordert, ausreichend bedacht wird. Die „Hausaufgaben", die Sie als Vorbereitung für die Ankunft Ihres Welpen machen, werden Ihnen beiden zugute kommen. Je besser Sie informiert sind, desto eher können Sie sich vorstellen, was alles auf Sie zukommt, so daß Sie nicht von den Höhen und Tiefen im Zusammenleben mit einem Welpen überrascht werden. Hoffentlich helfen alle Familienmitglieder bei der Aufzucht des Welpen mit. Oft versprechen gerade Kinder alles Mögliche, wenn die Anschaffung eines Hundes erwogen wird. Aber bereits nach kurzer Zeit will niemand mehr mit dem Hund spazieren gehen, ihn füttern oder die Pfützen des Welpen entfernen. Sie können sich also nicht darauf verlassen, daß das Verantwortungsbewußtsein bei Kindern schon so ausgeprägt ist, daß sie über einen längeren Zeitraum ihren Anteil an der Arbeit mit dem Welpen zuverlässig übernehmen.

sein Wesen aussagt. Sie werden in der Lage sein herauszufinden, welche Welpen die Rudelführer sind, welche weniger aus sich herausgehen, welche zufrieden, welche scheu, verspielt, freundlich, oder aggressiv sind. Und ebenso wichtig, Sie werden lernen zu erkennen, wie ein gesunder Welpe aussehen und sich verhalten soll. All diese Dinge werden Ihnen bei der Suche helfen und wenn Sie einen Boxer finden, der für Sie bestimmt ist, werden Sie es wissen.

Die Auswahl der Rasse, die Wahl eines verantwortungsvollen Züchters und die Beobachtung so vieler Welpen wie möglich, sind alles wichtige Schritte auf dem Weg zum Hundebesitzer. Dies hört sich nach viel Aufwand an und Sie haben bis jetzt noch nicht einmal Ihren Welpen daheim. Erinnern Sie sich jedoch, man kann nicht vorsichtig genug sein bei der Entscheidung, welche Art Hund man will und man muß versuchen, so viel wie möglich über den Hintergrund des erwarteten Hundes herauszufinden. Ein Welpenkauf ist nicht – oder sollte nicht sein – wie ein Lotteriespiel. Genauer: Dies ist der Augenblick, in dem Sie die Chance haben, Ihr neues Familienmitglied selbst auszusuchen. Aber, bedenken Sie, einen Welpen kaufen soll Spaß machen – es sollte nicht so ernsthaft sein und soviel Arbeit machen. Wenn Sie im Hinterkopf behalten, daß Ihr Welpe kein Stofftier oder dekorativer Gartenschmuck ist, sondern im Gegenteil ein wirkliches Familienmitglied werden soll, werden Sie feststellen, daß, obwohl das Aussuchen eines Welpen ein großes Abenteuer ist, diese Entscheidung nicht leichtfertig getroffen werden sollte. Warten Sie ab, der Spaß beginnt, wenn der Welpe nach Hause kommt.

Bedenken Sie immer, daß ein Welpe nichts anderes ist als ein Baby mit Fell. Ein Baby, das völlig hilflos in der menschlichen Welt und auf seinen Besitzer angewiesen ist, um seine grundlegenden physischen Bedürfnisse zu befriedigen. Dies geht über Futter, Wasser und Körbchen hinaus. Ihr Welpe braucht Fürsorge, Schutz, Erziehung und Liebe. Wenn Sie nicht darauf vorbereitet sind, ihm das zu geben, sollten Sie sich keinen Hund halten.

> ### Wußten Sie schon?
> Vielleicht hat Ihr Züchter in seinem Kaufvertrag eine Gesundheitsgarantie für den Welpen angeboten. Dies ist insofern korrekt, als daß Krankheiten, die innerhalb der ersten Tage bei Ihnen auftreten, wahrscheinlich bereits vom Welpen mitgebracht wurden. Erstreckt sich die Gesundheitsgarantie jedoch auch beispielsweise auf Hüftgelenksdysplasie, so daß Ihr Züchter anbietet, den Hund bei Erreichen des Röntgenalters zurückzunehmen, sollten sie sich Gedanken machen, was der Züchter mit einem solchen Hund tun wird. Es kann natürlich sein, daß er meint, daß in seiner Zucht niemals ein Fall von Hüftgelenksdysplasie auftreten wird. Der Hund, den Sie 18 Monate lang aufgezogen haben geht dann nach der Rücknahme durch den Züchter einem ungewissen Schicksal entgegen. Sie sollten darüber nachdenken, ob Sie dies verantworten wollen.

Einen Moment mal, werden Sie sagen, wieviel Aufwand kann das schon sein? Alle meine Nachbarn haben Hunde und es sieht so aus, als ob es ihnen gut ginge. Warum sollte ich mir über all dies Gedanken machen? Im Grunde genommen brauchen Sie sich keine Sorgen über all das zu machen. Später werden Sie wahrscheinlich herausfinden, daß, wenn Ihr Boxerwelpe sich an sein neues Rudel gewöhnt hat, er seinen Platz in der Familie ganz natürlich einnehmen wird. Aber es ist niemals verkehrt, sich die Verantwortung als Hundehalter nochmal ausführlich vor Augen zu führen. Mit etwas Zeit und Geduld ist es wirklich nicht so schwierig, einen neugierigen und

Gestern noch spielte, aß und schlief Ihr Boxerwelpe mit seinen Wurfgeschwistern. Der erste Tag in Ihrem Haus ist eine total neue Erfahrung für Ihren Hausgenossen.

47

sen, bevor Sie Ihren Boxerwelpen abholen. Sie müssen auch Ihr Haus und Ihre Familie auf den Neuling vorbereiten. Ähnlich wie Sie ein Kinderzimmer für ein neugeborenes Baby vorbereiten würden, brauchen Sie einen Platz in Ihrem Haus, der dem Welpen ganz alleine gehört. Wie Sie Ihr Haus vorbereiten hängt davon ab, wieviel Freiheit Sie dem Hund geben wollen. Soll er auf einen bestimmten Raum oder einen bestimmten Teil des Hauses beschränkt sein oder darf er sich im ganzen Haus frei bewegen? Wird er den größten Teil der Zeit im Haus verbringen oder soll er vielmehr ein Hofhund sein? Wie auch immer Sie sich entscheiden, Sie sollten sicherstellen, daß er einen Platz hat, der nur für ihn da ist.

Wenn Sie Ihren neuen Welpen in Ihr Haus holen, bringen Sie ihn dorthin, wo später auch sein Haus sein wird. Natürlich haben Sie sich keinen Welpen gekauft, damit er später Ihr

aktiven Boxerwelpen zu einem gesunden und wohlerzogenen Hund aufzuziehen. Ein Hund, der Ihr bester Freund sein kann.

VORBEREITUNGEN VOR DEM EINZUG DES WELPEN

Die Auswahl der Rasse und des Züchters sind nur zwei Teile der Hausaufgaben, die Sie machen müs-

Es dauert nur kurze Zeit bis Ihr Boxerwelpe ein wohlerzogener Erwachsener Hund ist, der sich an Ihren Lebensstil anpaßt und es sich in den meisten Situationen in der Familie gemütlich macht.

ihm zu helfen, sich sicher zu fühlen und wissen zu lassen: Mein kleiner Freund, du wirst dich hier wohl fühlen.

EINKAUFSLISTE
Hundebox oder Körbchen?

In den letzten Jahren kommt mehr und mehr die amerikanische Sitte in Deutschland in Mode, Welpen mit Hilfe einer Hundebox zur Stubenreinheit zu erziehen.

Das Trainieren eines Welpen in der Box bietet einerseits mehrere nicht zu unterschätzende Vorteile. Wählt man eine geschlossene Flugbox mit Gittertür, die innen gemütlich ausgepolstert ist und mit genügend Spielzeug versehen wird, hat der Welpe einen höhlenähnlichen Rückzugsort ganz für sich alleine. Dort kann er in Ruhe schlafen oder nach einem wilden Spiel einfach mal relaxen. Der angeborene Instinkt der Lagerreinheit verhindert, daß der

Sie müssen sich darauf vorbereiten, daß Sie einen neuen Welpen mitbringen. Bedenken Sie, daß Ihr Welpe immer von anderen Boxern umgeben war, anderen Welpen und auch von anderen Leuten. Sie müssen jetzt das neue Rudel bilden. Sind Sie auf diese Aufgabe vorbereitet?

Haus regiert, aber damit ein Welpe zu einem gesunden, ausgeglichenen Hund heranwachsen kann, muß er sich in seiner Umgebung wohlfühlen. Erinnern Sie sich, er verläßt die Wärme und Sicherheit seiner Mutter und seiner Wurfgeschwister und die Geborgenheit des einzigen Platzes, den er jemals gekannt hat. Also ist es wichtig, ihm den Übergang so leicht wie möglich zu machen. Indem Sie einen Platz in Ihrem Haus für den Welpen vorbereiten, geben Sie ihm das Gefühl, willkommen zu sein, soweit dies in einer fremden neuen Umgebung möglich ist. Es sollte nicht lange dauern, bis er sich daran gewöhnt hat, aber der plötzliche Schock des Verkauftwerdens ist doch jedesmal ein bißchen erschreckend für einen kleinen Welpen. Bedenken Sie, wie sich ein kleines Kind in derselben Situation fühlen würde – dies ist es, wie sich Ihr Welpe fühlt. Es ist Ihre Aufgabe,

---

Wußten Sie schon?

Legen Sie niemals den Schlafplatz Ihres Hundes mit Zeitungspapier aus. Häufig werden Welpen auf Zeitungspapier aufgezogen, also verbindet der Welpe sehr schnell Zeitungspapier mit seinem Löseplatz. Lassen Sie während des Stubenreinheitstrainings auch keine Zeitung auf dem Fußboden liegen, dies wird den Welpen nur verwirren. Vielleicht müssen Sie ihm am Abend seine Wasserschüssel entfernen, damit er die Nacht durchhalten kann. Gehen Sie mit Ihrem Welpen immer an den gleichen Platz, an dem er sich lösen darf.

Eine mögliche Anschaffung könnte eine Flug-Transportkiste sein. Zoohandlungen haben viele Größen und Arten, unter denen Sie wählen können.

Spezielle Autoboxen gibt es für verschiedene Modelle, so daß Ihr Boxer sicher mit Ihnen Auto fahren kann.

dazu verführt, die Käfigtür zu schliessen, wann immer der Welpe stört. Im ersten halben Jahr ist eine junger Hund mindestens genauso anstrengend wie ein Kleinkind. Er schleppt den Besen fort, räumt offen gebliebene Schränke aus, knabbert am Staubsaugerschlauch und behindert so den Arbeitsablauf nach besten Kräften. Würden Sie nun jedesmal den Welpen in den Käfig sperren, nähme der Hund schweren physischen und psychischen Schaden. Vor dem sechsten Lebensmonat ist der Welpe von seinem Verhaltensrepertoir her gar nicht darauf eingerichtet, allein zu sein. Im natürlichen Rudel wäre er niemals ohne seine Geschwister und die älteren Rudelmitglieder auf sich allein gestellt. Wenn Sie dieses grundlegende Bedürfnis nach Sozialkontakten

Welpe sein eigenes „Bett" beschmutzt (wenn Sie bei der Auswahl des Züchters darauf geachtet haben, daß er seinen Welpen die Möglichkeit bietet, sich so weit wie möglich vom Lager entfernt zu lösen!). Stellen Sie also den geschlossenen Käfig mit dem Hundekind nachts neben Ihr Bett, so daß Sie hören, wenn der Kleine unruhig wird. Dann können Sie ihn gleich auf den Arm nehmen und nach draußen tragen, so daß er zuverlässig lernt, wo seine Toilette ist.
Es gibt jedoch auch einen großen Nachteil bei dieser Methode: Anfänger in der Hundehaltung werden

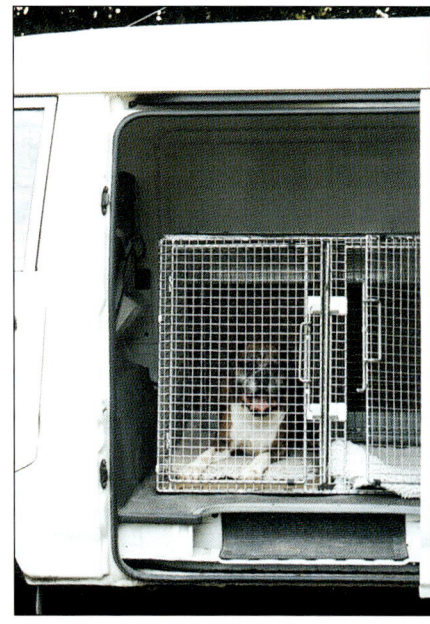

Ihres jungen Boxers nun einfach ignorieren, fügen Sie dem Vertrauensverhältnis zwischen Ihnen und Ihrem Hund schweren Schaden zu. Sie erweisen sich nicht als der kompetente Rudelführer, auf den man sich als Hund verlassen kann. Auch körperlich leidet ein eingesperrter Hund, da ausreichende Bewegung eine Grundvoraussetzung für die gesunde Entwicklung von Knochen, Muskeln und Bändern ist. Die Anschaffung eines Käfigs kann also sinnvoll sein für die Nachtstunden oder auch später einmal für den sicheren Transport des ausgewachsenen Hundes im Auto (bedenken Sie beim Kauf die Größe des erwachsenen Hundes!). Als ständigen Lagerplatz wählen Sie jedoch besser

> ## Achten Sie drauf!
> Stubenreinheits-Training basiert auf der Tatsache, daß ein Hund nicht gerne seinen Schlafplatz beschmutzt, so daß es nicht effektiv ist, den Welpen nachts im ganzen Schlafzimmer laufen zu lassen. Er kann dann ein Ende des Raumes beschmutzen und sich zum Schlafen weit genug von seinen Ausscheidungen entfernen. Es ist günstiger, ihm ein Körbchen mit Spielzeug und weichen Decken anzubieten. Wenn der kleine Boxer wächst, muß das Körbchen mitwachsen. Es braucht am Anfang eine Menge Aufmerksamkeit und viel Geduld, wenn Sie jedoch die Zeit investieren und darauf vorbereitet sind, einige Nächte nicht durchschlafen zu können, wird Ihr Welpe bald ruhig und friedlich neben Ihrem Bett schlafen. Er kann so auch am besten lernen, sich zu melden, wenn er nach draußen geführt werden muß.

einen Korb, und zwar einen der im Fachhandel erhältlichen Hartplastik-Körbe. Diese sind hygienischer und haltbarer als die Weidenkörbe.

Decken
Ein oder zwei Decken im Körbchen des Hundes helfen ihm, es sich gemütlich zu machen. Zunächst nehmen die Decken den Platz von Gras ein, in welches sich der Welpe in der Natur legen würde. Außerdem kann der junge Boxer die Decken nach seinem eigenen Ermessen zurechtscharren. Obwohl Ihr Welpe weit entfernt von seinen wilden Vorfahren ist, hat er dennoch alle Instinkte, die er für die Einrichtung seines Lagers braucht.

Ein Käfig kann für einen frisch operierten Hund wichtig sein, damit er in Ruhe seine Narkose ausschlafen kann. Hier auf dem Bild zwei Boxer mit kupierten Ohren. Das Kupieren der Ohren ist in Deutschland nicht mehr erlaubt.

Zoohand-lungen bieten sichere Hundespiel-zeuge an. Kaufen Sie es nur in der Zoohandlung, da viele Kinderspiel-zeuge sich für Hunde nicht eignen, weil sie zu leicht kaputt gehen. Wenn kleine Gummistücke verschluckt werden, kön-nen diese den Darm blok-kieren, so daß der Hund operiert wer-den muß.

Bevor Sie ihn heimbrachten hat Ihr Welpe inmitten seiner Geschwister an seine Mutter gekuschelt geschla-fen; und obwohl eine Wolldecke längst nicht dasselbe ist wie ein warmer, atmender Körper, bietet sie dem Welpen doch Wärme und einen Platz, in den er sich hinein-kuscheln kann. Sie werden die Decken häufig waschen und jede Decke, die zerrissen ist, austauschen müssen.

Spielzeug
Spielzeug ist wichtig für Hunde jeden Alters. Vor allem jedoch für neugierige verspielte Welpen. Wel-pen sind Kinder der Hundewelt und welches Kind liebt nicht sein Spiel-zeug? Kauspielzeuge versprechen sowohl für den Hund als auch für den Besitzer Spaß und Zufriedenheit – Ihr Hund wird zufrieden mit sei-

nen Lieblingsspielsachen spielen. Sie werden zufrieden sein, daß er Ihre teuren Schuhe und Ihr Leder-sofa verschont. Welpen knabbern gerne. Um genau zu sein, es ist wohl eine gesundheitliche Notwendigkeit für Welpen während des Zahn-wechsels, und fast alle Sachen rei-zen den Welpen. Die Gesamtheit Ihrer Habe, vom alten Wischlappen bis zum Perserteppich, ist ein tolles Spielzeug in den Augen eines zah-nenden Welpen. Welpen sind nicht wählerisch wenn sie nach etwas suchen, worin sie ihre Zähne ver-senken können – alles ist bestens geeignet.

Sie können deutlich sehen, wer in dieser Grup-pe dominant ist. Ein Hun-debett ist wichtig für Ihren Wel-pen. Zoo-handlungen bieten viele Arten, Grös-sen und Ma-terialien an. Suchen Sie eins aus be-vor Sie Ihren Welpen heim-bringen.

Wenn der Welpe ein solches Spielzeug zerbeißt, können die Plastikteile, besonders der innenliegende Quietschmechanismus, beim Verschlucken gefährlich werden. Kontrollieren Sie sorgfältig die Spielsachen Ihres Welpen und werfen Sie diejenigen fort, die so zerkaut sind, daß sie gefährlich werden können. Seien Sie vorsichtig mit Naturknochen, da diese beim Zerkauen in

Wußten Sie schon?

Nagen geht Hand in Hand mit Zerstören. Der Welpe im Zahnwechsel sucht immer nach einer Möglichkeit, seine schmerzenden Kiefer zu beruhigen. In diesem Fall könnte er Ihren Lieblingsschuh oder sonst etwas, was er eigentlich nicht nehmen sollte, zerbeißen. Denken Sie daran, daß es sich hierbei um normales Hundeverhalten handelt, das Sie nicht bestrafen, sondern verhindern sollen. Sie müssen Ihrem Welpen beibringen, an welchen Sachen er kauen darf und an welchen nicht. Sprechen Sie ernst und ruhig mit ihm, sagen Sie „nein" wenn Sie ihn dabei erwischen, wenn er an etwas Verbotenem kaut und geben Sie ihm dafür ein Kauspielzeug. Loben Sie ihn, wenn Sie sehen, daß er seine Spielsachen benutzt. Auf diese Weise bringen Sie ihm das erwünschte Verhalten bei und machen ihm das unerwünschte Verhalten unangenehm. Das Nagebedürfnis des Welpen sollte nachlassen wenn der Zahnwechsel vollendet ist. Aber viele erwachsene Hunde nagen auch noch gern aus verschiedenen Gründen, vielleicht weil ihnen langweilig ist, vielleicht um etwas zu erkunden, vielleicht aber auch einfach nur aus Spaß am Nagen. Aus diesem Grund ist es wichtig, dem Hund das Nagen abzugewöhnen, solange er jung ist.

Flauschspielzeuge sind ein anderes Thema. Mann kann diese dem Welpen gut ins Körbchen legen oder des nachts als Gesellschaft mit in seine Schlafbox legen. In kürzester Zeit wird jedoch der Welpe die Füllung des Spielzeugs entfernt haben. Seien Sie besonders vorsichtig mit Spielsachen, die kleine Plastikaugen oder andere Teile haben, die der Welpe verschlucken kann. Teilweise sind auch quietschende Spielzeuge sehr beliebt. Es gibt Hunde, die im Galopp gerannt kommen, sobald sie den ersten Quietscher ihres Lieblingsspielzeugs hören. Auch hier wieder die Warnung:

Achten Sie drauf!

Es gibt eine Vielzahl von Hundespielzeug und der größte Teil sieht aus, als würde er einem Hund viel Spaß bereiten. Seien Sie jedoch vorsichtig bei der Auswahl des Spielzeugs Ihres Welpen. Es ist erstaunlich, was Welpenzähne einem unschuldig aussehenden Spielzeug antun können. Somit muß Ihr Hauptaugenmerk auf die Sicherheit gerichtet sein. Kaufen Sie die haltbarsten Produkte, die Sie finden können. Das ist besonders wichtig für eine Hunderasse wie den Boxer, der starke Zähne und Kiefer hat. Gedrehte Baumwollknoten und Büffelhautspielsachen sind sicher und viele von ihnen werden in verschiedenen Geruchs- und Geschmacksrichtungen angeboten, die Ihrem Boxer gut gefallen werden. Für Sie und Ihren Hund ist es sicherlich ein großer Spaß, gemeinsam mit einer Frisbee-Scheibe oder einem Hartgummi-Ball zu spielen, die speziell dafür ausgelegt sind, den Hundezähnen zu widerstehen.

einer Nylonleine die schlechtesten Chancen, sie vollständig durchzubeißen. Nylonleinen sind außerdem sehr leicht und daher gut geeignet, um Ihrem Boxer die Leinenführigkeit beizubringen. Für die täglichen Spaziergänge und zur Sicherheit ist die Nylonleine eine gute Wahl. Wenn Ihr Boxer größer wird und daran gewöhnt ist, ordentlich an der Leine zu laufen, können sie auch eine Ausziehleine anschaffen. Diese erlaubt Ihnen einerseits, dem Hund einen größeren Spielraum zu geben und andererseits können Sie ihn auch dicht bei sich halten. Natürlich gibt es spezielle Trainingsleinen und speziell angefertigte Leder-Geschirre für den Boxer in der Ausbildung. Aber diese sind für Routine-Spaziergänge nicht notwendig. Wenn Ihr Boxer besonders stark ist oder dazu neigt,

In Zoohandlungen ist gewöhnlich eine große Anzahl verschiedener Hundeleinen erhältlich. Als erste Leine empfehlen wir eine Nylonleine für Ihren Boxerwelpen.

scharfe Teile zersplittern können. Ebenso müssen Sie bei den Büffelhautknochen aufpassen, welche sich, wenn sie genügend gekaut wurden, in kleine, leicht verschluckbare Stücke auflösen können und außerdem schreckliche Flecken auf Ihrem Teppich hinterlassen.

Leine

Eine Nylonleine ist wahrscheinlich die beste Lösung, weil sie den Welpenzähnen den meisten Widerstand bietet, falls Ihr Welpe auf seiner Leine kauen sollte. Natürlich ist dies eine Angewohnheit, die Sie unterbinden sollten, aber bis Ihr Welpe das gelernt hat, hat er bei

an der Leine zu ziehen, werden Sie eventuell eine stärkere dicke Lederleine kaufen.

Halsband

Sie sollten Ihren Welpen von Anfang an daran gewöhnen, ständig ein Halsband zu tragen, an dem Sie auch einen Adressanhänger befestigen. Außerdem gehören Halsband und Leine zusammen – schließlich müssen Sie die Leine irgendwo befestigen. Ein leichtes Nylonhalsband ist sicher eine gute Wahl. Achten Sie darauf, daß es so eng ist, daß der Welpe nicht hinausschlüpfen kann, aber weit genug, daß es nicht unangenehm am Hals des Boxers drückt. Zwischen Hals und Halsband sollten zwei Finger breit Platz bleiben. Es kann einige Zeit dauern, bis Ihr

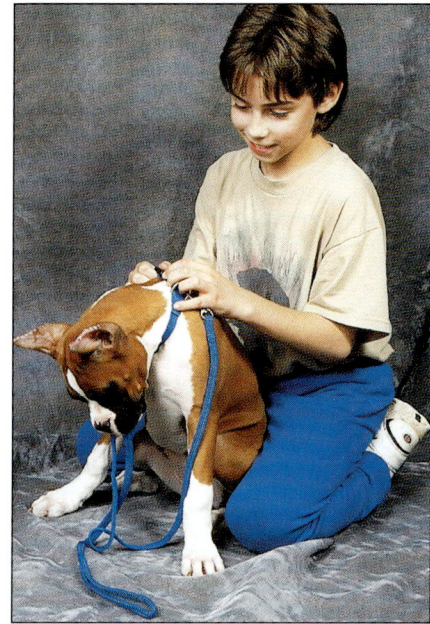

Ihr Boxerwelpe sollte sobald wie möglich an Halsband und Leine gewöhnt werden. Es kann ein paar Tage dauern bis Ihr Welpe sein Halsband akzeptiert. Beginnen Sie mit einem leichten Nylonhalsband.

Sie werden Näpfe für Futter und für Wasser brauchen. Die meisten Züchter empfehlen Edelstahlnäpfe, da diese nicht zerkaut werden können und leicht sauber zu halten sind.

Ihre Zoo-handlung wird Ihnen eine große Auswahl an Futter- und Wasser-näpfen zeigen. Suchen Sie Farbe, Größe und Preis aus, welche Ihnen und Ihrem Boxer am besten gefallen.

Welpe daran gewöhnt ist, ein Halsband zu tragen. Aber schon bald wird er es nicht einmal mehr bemerken. Würgehalsbänder sind für die Ausbildung gedacht, Sie sollten sie jedoch nur unter fachkundiger Anleitung benutzen. Wenn Sie eine dicke Lederleine oder eine Kettenleine für die Spaziergänge mit Ihrem Boxer gebrauchen, müssen Sie auch ein stärkeres Halsband verwenden.

Futter- und Wassernäpfe
Ihr Welpe braucht zwei Näpfe, einen für Futter und einen für Wasser. Vielleicht wollen Sie zwei Garnituren anschaffen, eine fürs Haus und eine für draußen. Dies hängt davon ab, wo der Hund meistens gefüttert wird und wo er den größten Teil seiner Zeit verbringt. Edelstahl- oder Hartplastiknäpfe werden am Häufigsten verwendet. Hartplastiknäpfe können leichter zerbissen werden; eventuell verschluckte Teile sind gefährlich für Ihren Hund. Die Edelstahlnäpfe sind außerdem hygienischer und können ausgekocht werden. Viele Hundebesitzer platzieren die Futter- und Wassernäpfe in speziellen erhöhten Ständern, dadurch wird dem Hund das Futter mehr auf seiner Ebene angeboten und er muß sich nicht so weit herunter beugen. Hierdurch wird die Verdauung unterstützt und es ist eine Vorsichtsmaßnahme gegen Blähungen oder Magendrehungen bei Hunderassen mit tiefem Brustkorb. Das Wichtigste ist, daß die Näpfe, die Sie anschaffen, stabil sind, denn wie schon gesagt, jeder Gegenstand ist in Gefahr, vom Welpen zerkaut zu werden und Sie wollen sicher nicht,

Es ist nur wichtig, daß Sie schon vor Ankunft des Welpen alles im Hause haben, um es ihm gemütlich zu machen und ihn zu füttern.

Machen Sie Ihr Haus welpensicher. Sie müssen nicht nur dafür sorgen, daß es Ihr Boxer-Welpe in Ihrem Haus bequem hat, auch seine Sicherheit ist ein wichtiger Gesichtspunkt. Sie müssen also Vorsichtsmaßnahmen ergreifen, damit Ihr Welpe an nichts gerät, woran er sich verletzen kann; daß er keinen Zugriff auf Dinge hat, die er nicht schlucken, trinken oder beriechen darf, und daß er sich nirgenwo aufhält, wo er sich nicht aufhalten soll. Dies scheint logisch, aber außer mit der Sicherheit Ihres Welpen müssen Sie sich auch damit beschäftigen, daß Ihr Eigentum von dem jungen Hund nicht völlig ruiniert wird. Zerbrechliche Sachen sollten außerhalb der Reichweite Ihres Boxers aufgestellt werden wenn Ihr Hund frei im gan-

Sie werden etwas brauchen um den Kot Ihres Boxers zu entfernen. In Zoohandlungen werden verschiedene Konstruktionen aus Schaufel und Harke angeboten.

daß Ihr Boxer ständig seine Näpfe zerstört (wegen seiner Sicherheit und Ihres Geldbeutels!).

Putzmittel
Ein Welpe, der nicht stubenrein ist, verursacht eine Menge Schmutz bis er es ist. Es werden Unfälle passieren. Im Augenblick ist dies auch noch in Ordnung, er weiß es ja nicht besser. Das einzige, was Sie tun können, ist, alle Pfützchen aufwischen. Sie brauchen hierzu ein mildes Desinfektionsmittel, das auch den Geruch vollständig nimmt.

ZUSATZAUSSTATTUNG
Bisher wurden nur die notwendigsten Anschaffungen besprochen. Sie werden selbst herausfinden, was Sie sonst noch brauchen; Haarbürsten, Flohschutz, Babygitter um die Treppen zu sichern usw.. Diese Sachen hängen von Ihrer individuellen Wohnlage ab.

Wußten Sie schon?
Wenn Sie Ihrem Hund passende Schlaf- und Ruhezonen anbieten und ihm regelmäßig die Gelegenheit geben, sich draußen zu lösen, wird Ihr Welpe schnell lernen, welches der Platz ist, den er benutzen soll, wenn er mal „muß". Diese Neigung wird durch sein Bestreben verstärkt, seinen Schlafplatz sauber zu halten. Am besten ist natürlich ein Löseplatz im Garten, den er dann immer wieder aufsuchen wird. Dadurch entwickelt sich wiederum die Muskelkontrolle, die später dafür sorgt, daß Ihr Hund dauerhaft sauber ist.

zen Haus herumlaufen darf. Wenn Sie ihn von Anfang an auf bestimmte Bereiche des Hauses beschränken wollen, stellen Sie gefährdete Gegenstände in den verbotenen Bereich. Elektrokabel können gefährlich sein, wenn der Welpe sich entscheidet, hineinzubeißen – und wer ist schon in der Lage, einen Welpen davon zu überzeugen, daß dies kein wunderbares Kauspielzeug ist. Kabel sollten unter dem Teppich hergeführt werden oder eng an der Wand befestigt sein. Wenn Sie Ihren Welpen in seinem Körbchen lassen, achten Sie darauf, daß nichts in der Nähe seines Korbes ist, in das er seine neugierige kleine Nase lieber nicht hineinstecken sollte und ebenso, wie Sie es bei einem Kleinkind täten, bewahren Sie alle Haushaltsreiniger und andere Chemikalien außerhalb seiner Reichweite auf. Genauso wichtig ist es, den Garten

hundesicher zu machen. Natürlich soll Ihr Welpe niemals unbeaufsichtigt sein, aber wenn er im Garten herumläuft will er rennen und entdecken und diese Freiheit sollten Sie ihm geben. Lassen Sie sich nicht von Ihrem Zaun ein falsches Gefühl der Sicherheit geben, Sie wären erstaunt, wieviel Kraft und Ausdauer ein Hund aufbringen kann, um sich unter einem Zaun hindurchzugraben oder sich durch schmale Löcher zu quetschen. Auch besteht die Gefahr, daß er über den Zaun springt oder klettert. Das Einzige, was Sie tun können ist, den Zaun so hoch zu machen, daß es wirklich unmöglich für Ihren Hund ist, darüber zu kommen (etwa zwei Meter sollten reichen) und der Zaun sollte außerdem ein Stück in den Boden eingelassen sein. Reparieren Sie Löcher im Zaun grundsätzlich sofort. Kontrollieren Sie von Zeit zu

Sie können Ihren Boxerwelpen problemlos mit zum Picknick nehmen.

Boxer haben sehr unterschiedliche Persönlichkeiten. Dieser junge Boxer sammelt gerne Stöcke. Ziehen Sie einen Vorteil aus diesen natürlichen Instinkten und bringen Sie dem Hund bei, Ihre Zeitungen oder Ihre Schuhe zu apportieren.

Zeit den ganzen Zaun um sicher zu gehen, daß er in Ordnung ist und keine Reparaturen anstehen. Ein lernfähiger Hund kann immer wieder an derselben Stelle, an der er einmal Erfolg gehabt hat, die Arbeit fortführen, bis er hindurchpaßt.

ERSTER TIERARZTBESUCH

So, nun haben Sie Ihren Welpen ausgesucht, Ihr Haus und Ihre Familie sind bereit. Das Einzige, was Sie noch tun müssen ist, Ihren Boxer beim Züchter abzuholen und dann geht der Spaß los, nicht wahr? Es gibt noch etwas vorzubereiten und dies ist der erste Tierarztbesuch Ihres Welpen. Vielleicht kann Ihnen der Züchter jemanden in der Gegend nennen, der auf Boxer spezialisiert ist, oder vielleicht kennen Sie andere Boxer-Besitzer, die mit ihrem Tierarzt zufrieden sind. Auf jeden Fall sollten Sie einen Termin vereinbaren, bevor Sie Ihren Welpen abho-len. In den ersten paar Tagen sollten Sie ihn auf jeden Fall zur Untersuchung vorstellen. Der erste Tierarztbesuch des Welpen besteht aus einer Allgemeinuntersuchung, damit Sie sicher sind, daß Ihr Welpe keine gesundheitlichen Störungen hat, die nicht gleich zu sehen waren.

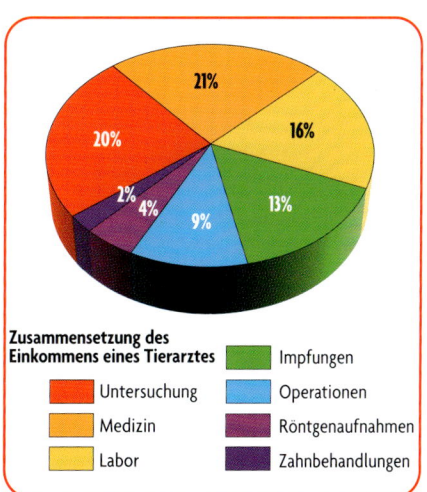

Zusammensetzung des Einkommens eines Tierarztes

- 🟥 Untersuchung
- 🟧 Medizin
- 🟨 Labor
- 🟩 Impfungen
- 🟦 Operationen
- 🟪 Röntgenaufnahmen
- 🟪 Zahnbehandlungen

Tierärzte haben ein langes Studium in den verschiedensten Gebieten der Medizin hinter sich. Dieses Diagramm zeigt die durchschnittlichen Prozentzahlen, in die sich das Einkommen eines Tierarztes aufteilt.

Jeder Boxerwelpe sollte gegen verschiedene Krankheiten geimpft werden. Folgen Sie den Anweisungen Ihres Tierarztes und achten Sie auf die rechtzeitigen Nachimpfungen.

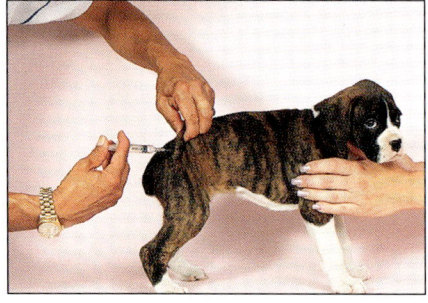

Der Tierarzt wird Ihnen auch das Impfschema nennen. Sie bekommen vom Züchter einen Impfpaß mit und der Tierarzt kann an der richtigen Stelle weitermachen.

EINFÜHRUNG IN DIE FAMILIE

Jeder im Haus wird aufgeregt sein weil der Welpe kommt, wird ihn streicheln und mit ihm spielen wollen; aber am besten stellen Sie ihn zunächst ganz ruhig den Familienmitgliedern vor, um den Welpen nicht zu überfordern. Er ist sowieso aufgeregt. Es ist das erste Mal, daß er ohne seine Mutter ist. Auch sein Züchter ist nicht bei ihm und mög-

Achten Sie drauf!

Der größte Teil der Probleme, die Welpen verursachen, verschwinden von allein wenn Ihr Boxer erwachsen ist. Es ist jedoch wichtig, wie Sie mit unerwünschtem Verhalten umgehen, da sich daraus die Reaktion Ihres Hundes auf Disziplinierung ergibt. Sie müssen eindeutig klären, wer der Rudelführer ist (hoffentlich Sie!), und zwar direkt, wenn Ihr junger Boxer ins Haus kommt. Die erste Bindung wird die Weichen für das ganze spätere Zusammenleben stellen.

licherweise war die Autofahrt zu Ihnen nach Hause die erste in seinem Leben. Was Sie nicht tun sollten ist, auf ihn einreden, dies wird ihn nur noch mehr verunsichern. Das bedeutet nicht, daß gerade in diesem Stadium menschlicher Kontakt nicht extrem wichtig ist, weil dies der Moment ist, in dem das grundlegende Vertrauensverhältnis zwischen dem Welpen und seiner menschlichen Familie angelegt wird. Freundliche Worte und vorsichtiges Streicheln, wenn er zu Ihnen kommt, wird ihm helfen. Hauptsächlich aber setzen Sie ihn zu Boden und lassen Sie ihn selbst unter Ihrer Aufsicht sein neues Zuhause erkunden.

Vielleicht nähert sich der Welpe den Familienmitgliedern oder er beschäftigt sich mit der Erkundung. Nach und nach sollte jede Person sich etwas mit dem Welpen beschäftigen, Einer nach dem Anderen. Sie sollten sich auf den Boden setzen, um so weit wie möglich auf die Ebene des Welpen zu kommen, ihm Ihre Hand zum Beriechen geben und ihn liebevoll streicheln. Er braucht menschliche Aufmerksamkeit und es ist wichtig, daß er gestreichelt wird – dies ist der Moment, in dem die erste Bindung geschaffen wird! Denken Sie daran, daß viele neue Erfahrungen auf Ihren Welpen einstürmen, etliche davon zum ersten Mal und alle gleichzeitig. Neue Menschen, neue Geräusche, neue Gerüche, neue Dinge, die er untersuchen muß, also seien Sie so vorsichtig und freundlich wie Sie eben können.

DIE ERSTE NACHT
IM NEUEN ZUHAUSE

Sie sind mit Ihrem neuen Familienmitglied zu Hause angekommen, sicher in seinem Körbchen oder in seiner Box. Er war beim Arzt für eine Grunduntersuchung, er wurde gewogen, seine Papiere angeschaut, evtl. wurde er sogar bereits geimpft und entwurmt. Er hat die Familie kennengelernt, die gesamte Familie abgeleckt, vor allem die hocherfreuten Kinder und die weniger erfreute Katze. Er hat seine Umgebung erkundet, sein neues Bett, den Garten und alles andere was Sie ihm erlaubt haben. Er hat seine erste Mahlzeit zu sich genommen und das Gegenteil am richtigen Platz erledigt. Er hat viele neue Geräusche gehört, neue Freunde gerochen und mehr von der Welt um ihn herum gesehen als jemals zuvor.

Der erste Tag ist herum. Er ist völlig übermüdet und wirklich bettfertig. So oder ähnlich denken Sie.

Es ist die erste Nacht des Welpen

> ### Wußten Sie schon?
> Wenn Sie ein Kleinkind haben, das jedesmal versucht, an den Futternapf Ihres Boxers zu gehen, wenn der Welpe frißt, müssen Sie die beiden während der Fütterung des Hundes voneinander trennen, damit das Kind den Hund nicht stören kann und der Welpe Zeit hat, in Ruhe zu fressen.

und Sie machen sich fertig zum „Gute Nacht" sagen. Behalten Sie im Kopf, daß dies die erste Nacht ist, in der der Welpe allein schlafen soll. Seine Mutter und seine Wurfgeschwister sind nicht mehr in seiner Reichweite und er ist ein bißchen ängstlich, kalt und einsam. Kümmern Sie sich um Ihr neues Familienmitglied, lassen Sie ihn nicht allein! In der Natur müßte der Welpe, der so jung durch irgendeinen Zufall von seinem Rudel getrennt würde, auf jeden Fall sterben. Die einzige Chance für ihn ist, so laut wie möglich zu jaulen, in der Hoffnung, daß seine Familie ihn findet. Sie sind jetzt die Familie Ihres Welpen. Stellen Sie seinen Käfig oder sein Körbchen direkt neben Ihr Bett. Wenn er weint, lassen Sie Ihre Hand aus dem Bett hängen, damit er merkt, daß er nicht allein ist. Wahrscheinlich genügen die vielen neuen Eindrücke des Tages, daß er sofort einschläft. Wenn er in der Nacht aufwacht und unruhig wird, tragen Sie ihn an seinen Löseplatz, legen ihn wieder in sein Körbchen, streicheln und beruhigen ihn und er wird wieder einschlafen.

Bei Ihrem vorletzten Besuch beim Züchter haben Sie ein altes Handtuch dort gelassen und bei der Abho-

Lassen Sie den Boxer niemals ohne Leine in Ihrem Auto sitzen. Der Hund kann verletzt werden, wenn Sie scharf bremsen müssen oder Sie können von dem Hund abgelenkt werden weil er im Auto umherspringt.

Haben Sie ein Auge auf Ihren Boxerwelpen wenn er alleine im Garten ist. Ein Karpfenteich ist hübsch, aber er kann gefährlich werden, wenn ein Welpe einen Fisch fangen will.

lung des Welpen wieder mitgenommen. Legen Sie es in sein neues Bett, damit er den Geruch seiner Wurfgeschwister in der Nähe hat. Außerdem gibt es die Möglichkeit, eine Wärmflasche in sein Körbchen zu legen. Dies kann eine gute Idee sein, wenn der Welpe nicht versucht, daran zu kauen – denn dann ist er naß und unglücklich und weder Sie noch er werden sobald einschlafen. Die erste Nacht mit dem Welpen kann ein wengi stressig sein; sowohl für den Welpen als auch für seine neue Familie. Denken Sie daran, daß in dieser Nacht die Weichen für Ihre Beziehung gestellt werden. Trösten Sie ihn, versichern Sie ihm, daß er nicht allein ist, spielen Sie aber nicht um Miternacht oder um zwei Uhr nachts mit ihm, außer, Sie wollen dies auch in Zukunft tun. Ihre Familie und Ihr Welpe werden Ihnen für liebevolle Konsequenz dankbar sein.

Es gibt keine bessere Beschäftigung für einen Boxerwelpen jeglichen Alters, als das Spielen mit seinen Freunden.

WELPENPROBLEME VERMEIDEN
Sozialisation
Nachdem Sie nun alle Vorarbeit geleistet haben und der Welpe sich an sein neues Zuhause und an seine neue Familie ein bißchen gewöhnt hat, ist endlich die Zeit für Spaß mit dem Welpen gekommen. Die Erziehung Ihres Boxerwelpen gibt Ihnen die Möglichkeit, ihn überall zu präsentieren.

In kürzester Zeit wird Ihr Welpe feststellen, welche Vorteile es hat, wenn man ein kleines süßes Kerlchen ist und dieses auch waidlich ausnutzen. Jedermann will ihn streicheln und alle finden ihn nur süß.

Außer Ihre Familie sollte Ihr Welpe

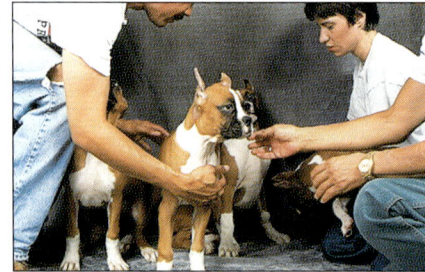

jetzt andere Menschen, Tiere und Situationen kennenlernen. Dadurch wird er gut geprägt, während er aufwächst und wird sich als erwachsener Hund vor neuen Dingen nicht fürchten, oder aggressiv reagieren. Die Erziehung Ihres Welpen hat beim Züchter angefangen, jetzt ist es Ihre Aufgabe, sie fortzuführen. Bis zur 12. Woche befindet sich Ihr Welpe noch in einer sehr beeinflußbaren Lebensphase, in der die Eindrücke, die er von seiner Umwelt erhält, sein späteres Verhalten formen. Wenn Sie jetzt in der Erziehung nachlässig sind, kann im Erwachsenenalter Angst oder Aggression die Folge sein. Er braucht viel menschlichen Kontakt, Streicheleinheiten und Begegnungen mit anderen Tieren. Seien Sie in der Zeit zwischen der achten und zehnten Woche vorsichtig, denn dies ist eine Zeit, in der Angstreaktionen möglich sind. Die Behandlung, die er in dieser Zeit

> ## Achten Sie drauf!
> Korrekte Sozialisierung bedeutet nicht nur, daß Ihr Hund neue Menschen kennenlernt, sondern auch, daß er neue Erfahrungen macht, wie zum Beispiel Autofahren, Fellpflege, Fernsehen, Spaziergänge in der Stadt – die Liste ist endlos. Je mehr Erfahrungen Ihr junger Boxer macht und je positiver diese Erfahrungen sind, desto weniger Angst wird er als erwachsener Hund haben, wenn er sich neuen Situationen ausgesetzt sieht.

erfährt, sollte besonders liebevoll und vorsichtig sein.

Wenn Ihr Welpe erst einmal die nötigen Impfungen erhalten hat, können Sie ihn ohne Probleme überall mit hinnehmen (an der Straße natürlich nur angeleint!). Nehmen Sie ihn mit in die Nachbarschaft, lassen Sie sich von ihm bei Ihrer Tagesroutine begleiten, lassen Sie ihn von Fremden streicheln, andere Hunde, Katzen und Kaninchen kennenlernen usw.. Welpen haben keine Probleme, Freundschaften zu schließen. Die meisten Menschen werden von selbst auf ihn zugehen. Achten Sie nur darauf, daß Sie jede Begegnung vorsichtig überwachen. Wenn die Nachbarskinder ihn zum Beispiel kennen lernen wollen, ist das wunderbar – Kinder und Hunde sind oft großartige Kameraden. Aber manchmal kann ein überschwengliches Kind versehentlich zu grob zu einem Welpen sein, oder ein aufgeregter Welpe kann spielerisch ein bißchen zu fest zwicken. Sie sollten darauf achten, daß die Sozialisierungserlebnisse für den Welpen positiv

Kinderspielzeug ist gewöhnlich ungeeignet für Boxerwelpen, da es zu schnell kaputt geht. Es kann auch giftige Füllungen enthalten oder Draht, an dem sich der Hund verletzen kann.

Hallo, wer bist Du? Welpen und Kätzchen brauchen nur kurze Zeit, um sich aneinander zu gewöhnen.

sind. Was ein Hund in dieser sehr beeinflußbaren Phase lernt, wird sein Verhalten bei allen weiteren Begegnungen beeinflussen. Ein Welpe, der eine schlechte Erfahrung mit einem Kind macht, kann als erwachsener Hund ängstlich oder aggressiv gegen Kinder sein und Sie wollen doch, daß Ihr Hund mit jedem in Ihrer Umgebung gut auskommt.

WEITERE ERZIEHUNG

Hunde als Rudeltiere brauchen selbstverständlich einen Führer. Sonst versuchen sie, selbst die Rudelführerschaft zu übernehmen. Wenn Sie einen Hund in Ihre Familie aufnehmen, liegt es ganz bei Ihnen, wer der Leitwolf und wer das Rudel ist. Der instinktive Anschluß Ihres Welpen an einen Überlegenen, gekoppelt mit der Tatsache, daß es fast unmöglich ist, dem Charme eines Boxerwelpen mit seinen großen „Kinderaugen" und den „Flatterohren", die zu groß für seinen Kopf zu sein scheinen, zu widerstehen, gibt ihm beinahe einen unfairen Vorteil beim Kampf um die Oberhand und ein Welpe wird selbstverständlich die Grenzen austesten. Ausprobieren, was er sich

Es gibt keinen besseren Weg für Welpen und Kinder, um miteinander vertraut zu werden, als einfach Lächeln und Umarmungen auszutauschen.

erlauben kann und was nicht. Lassen Sie sich von diesen bettelnden Augen nicht verführen, halten Sie Ihren Standpunkt ein, wenn es um das Disziplinieren des Welpen geht und achten Sie darauf, daß alle Familienmitglieder das Gleiche tun. Es wird Ihren kleinen Boxer nur durcheinanderbringen, wenn die Mutter ihm verbietet, aufs Sofa zu springen, wo er doch andererseits immer dort sitzt, wenn er mit dem Vater zusammen die Abendnachrichten schaut. Um Uneinigkeiten zu vermeiden sollten alle Mitglieder des Haushalts die Regeln festlegen, bevor der Welpe ins Haus kommt und sich dann auch daran halten. Die frühe Erziehung formt die Persönlichkeit des Hundes, also sollten Sie sich völlig im Klaren darüber sein, was Sie von ihm erwarten.

HÄUFIGE PROBLEME MIT WELPEN

Der beste Weg, Probleme zu vermeiden, ist vorausschauend zu sein und das unerwünschte Verhalten in dem Moment zu unterbinden, in

Boxerwelpen krabbeln gerne unter blühenden Pflanzen, aber seien Sie vorsichtig, viele Pflanzen sind für Hunde giftig.

Auf Ausstellungen stehen oft mehrere Käfige mit Boxern nebeneinander, sie können sich sehen oder beriechen, ohne daß es zu Streit kommt.

dem es beginnt. Das alte Sprichwort, „Was Hänschen nicht lernt lernt Hans nimmermehr", entspricht nicht unbedingt den Tatsachen, aber es ist wahr, daß es viel einfacher ist, einem Welpen schlechtes Benehmen gar nicht erst durchgehen zu lassen, als zu warten bis das schlechte Benehmen des Welpen eine schlechte Angewohnheit des erwachsenen Hundes geworden ist. Ich zähle ein paar typische Probleme auf, die bei der Entwicklung des Welpen auftreten:

ZERSTÖREN

Wenn Welpen anfangen zu zahnen möchten sie íhre Zähne an allem ausprobieren. Unglücklicherweise auch an Ihren Fingern, Armen, Haaren, Zehen, was immer sie erwischen können. Im ersten Moment finden Sie dieses Verhalten vielleicht niedlich, bis zu dem Augenblick, in dem Sie merken, wie scharf Welpenzähne sind. Dies ist etwas, was Sie sofort und unmißverständlich mit einem festen „Nein" oder so vielen festen „Nein's" unterbinden sollten wie er braucht, bis er ver-

standen hat, daß es Ihnen ernst ist. Statt Ihres Fingers geben Sie ihm ein Kauspielzeug. Wenn der Hund noch jung ist, ist dieses Verhalten nur lästig. Es kann jedoch gefährlich werden, wenn der Boxer seine bleibenden Zähne bekommt und sein Kiefer sich entwickelt und er immer noch meint, daß es in Ordnung ist, an menschlichen Körperteilen zu kauen. Sie werden es nicht mit einem Boxer aufnehmen können. Dies ist eine Rasse, die naturgemäß sehr starke Kiefer entwickelt. Er will Ihnen mit einem freundlichen Biß nicht weh tun aber er kennt seine eigene Kraft nicht.

JAULEN, BELLEN

Wenn Sie Ihren Welpen allein lassen wird er winseln, heulen oder jaulen. Dies ist seine Art, nach Aufmerksamkeit zu rufen, sich zu versichern, daß Sie wissen, daß er da ist und daß Sie ihn nicht vergessen haben. Er ist unsicher, wenn er allein gelassen wird, zum Beispiel wenn Sie ihn in einem Zimmer allein lassen und er Sie nicht mehr sehen kann. Der Lärm, den er macht, ist ein Ausdruck der Angst, die er naturgemäß empfindet, wenn er allein ist.

> ### Wußten Sie schon?
> Unterordnungsbewußte Welpen sind wesentlich einfacher auszubilden als selbstbewußte Hunde. Wenn Sie einen Boxer haben, der unerziehbar scheint, sollten Sie bei Ihrer örtlichen Boxergruppe um Hilfe bitten. Vielleicht hat Ihr Hund ein Problem, das die Hilfe eines Profis erfordert, oder vielleicht brauchen Sie Hilfe um zu lernen, wie man einen Hund erzieht.

Also müssen Sie ihm beibringen, daß Alleinsein in Ordnung ist. Er ist jedoch erst ab dem sechsten Monat psychisch in der Lage, für längere Zeit allein zu sein. Bis dahin ist es für einen Welpen lebenswichtig, den Anschluß ans Rudel nicht zu verlieren. Und ein alleingelassener Welpe wird so lange jaulen, bis seine Mutter ihn findet. Nach einem langen Spaziergang und einer ausgiebigen Mahlzeit können Sie den schlafenden Welpen schon mal für ein paar Augenblicke allein lassen. Achten Sie darauf, daß in seinem Körbchen eine gemütliche Decke und ein paar Spielsachen sind. Sie sollten möglichst bei ihm sein bevor er sich verlassen fühlt und zu jaulen beginnt. Wenn Sie die Zeit Ihrer Abwesenheit sehr langsam bis auf etwa fünf Minuten steigern, ist diese Gelegenheit genug, um Ihren Welpen daran zu gewöhnen, daß ihm nichts Böses passiert, auch wenn Sie nicht da sind. Er muß sich in sei-

nem Körbchen wohl, warm und sicher fühlen. Am besten ist es, wenn er Ihre Abwesenheit gar nicht richtig bemerkt und Sie ihn intensiv loben, sobald Sie wieder bei ihm sind. Mit der konsequenten Erziehung zum Alleinlassen können Sie aber erst beginnen, wenn er mit sechs Monaten psychisch in der Lage ist, allein zu bleiben und seine Blase für längere Zeit zuverlässig kontrollieren kann.

Das Gesicht des Boxerwelpen drückt seine Bedürfnisse und seine Abhängigkeit aus. Ein Welpe sollte niemals daran zweifeln müssen, daß sein Besitzer ihn liebt.

Achten Sie drauf!
Verwenden Sie Leckerbissen, um Ihren Hund für erwünschtes Verhalten zu belohnen. Versuchen Sie es mit kleinen Stücken Hartkäse oder getrockneter Leber. Geben Sie niemals Süßigkeiten, da diese für Hunde schädlich sind.

Wenn der Welpe schreit oder jault, wenn er alleingelassen wird, gibt er seiner Verlassensangst auf die einzige Art Ausdruck, die er kennt.

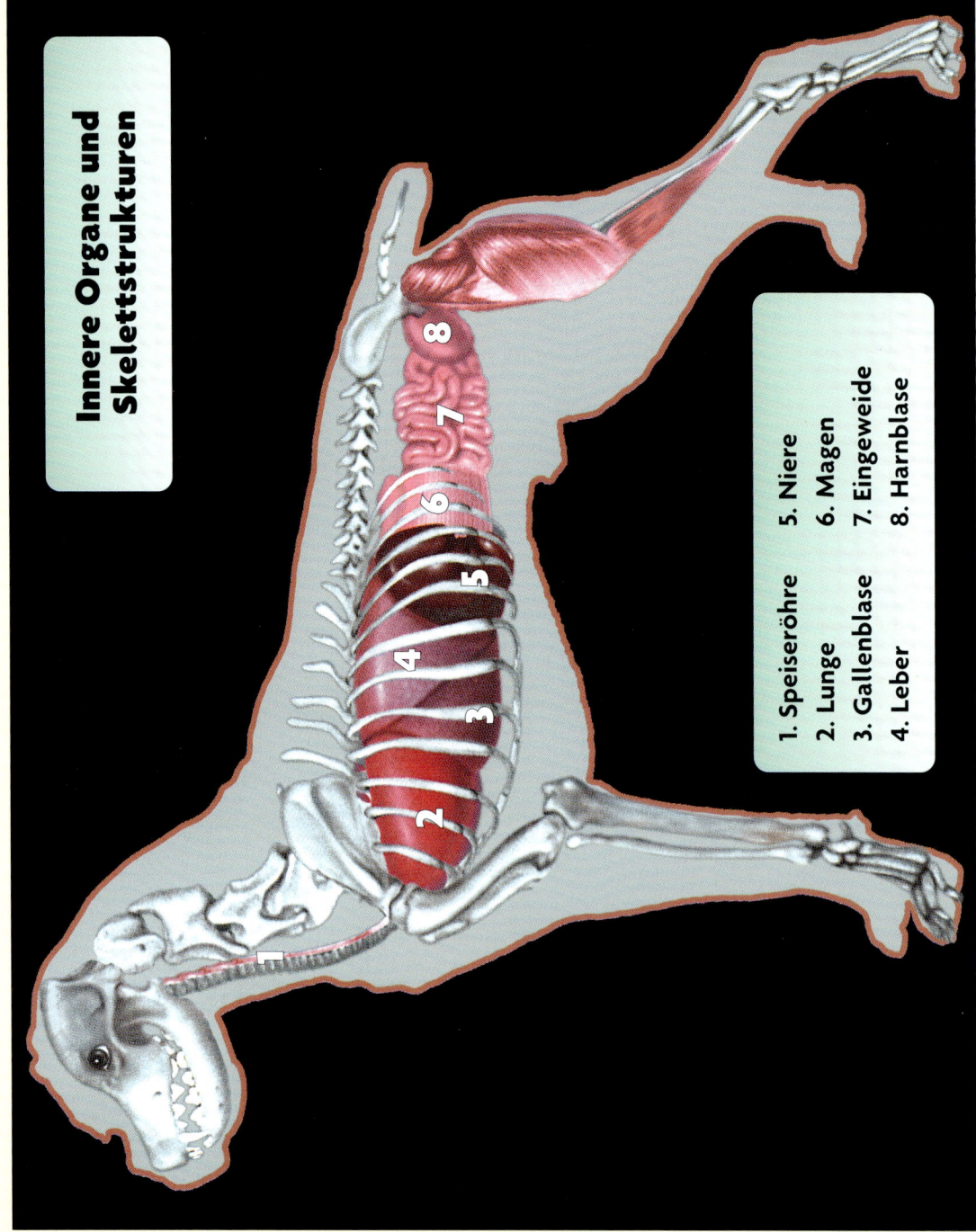

Innere Organe und Skelettstrukturen

1. Speiseröhre
2. Lunge
3. Gallenblase
4. Leber
5. Niere
6. Magen
7. Eingeweide
8. Harnblase

Die tägliche Pflege Ihres Boxers

FÜTTERUNG

In der heutigen Zeit hat Ihr Boxer hunderte von Futtersorten zur Auswahl. Auf dem Markt werden Dutzende von Sorten und Marken angeboten: Von der Welpen-Diät mit Lamm und Reis über die Senior-Diät und das Futter für allergische Hunde bis zum kalorienreduzierten Futter. Weil die Fütterung Ihres Boxers sich direkt auf sein Fell und seine Gesundheit auswirken, müssen Sie ihm das bestmögliche Futter für einen Boxer seines Alters anbieten. Ersthundehalter können jedoch durch die große Auswahl erheblich verwirrt werden. Sogar Leute, die ihren Hunden wirklich das beste Futter geben wollen, können dies oft nicht, weil sie nicht wissen, welches Futter für ihren Hund am besten ist. Es gibt drei grundlegende Arten von Hundefutter: Trockenfutter, Halbfeuchtfutter und gefrorenes- oder Dosenfutter. Trockenfutter ist meist billiger als halbfeuchtes und Dosenfutter. Trockenfutter enthält das wenigste Fett und die meisten Konservierungsstoffe. Ein großer Teil der Dosennahrung enthält 60 bis 70 % Wasser. Halbfeuchte Futtersorten wiederum enthalten soviel Zucker, daß die meisten Hundebesitzer sie ablehnen, obwohl die Hunde sie lieben (so wie Kinder Süßigkeiten lieben). Drei Entwicklungsstufen müssen Sie beachten, wenn Sie für Ihren Boxer ein Futter aussuchen: Das Welpenalter, das Erwachsenenalter und das Senioralter.

WELPENALTER

Welpen haben den natürlichen Instinkt, an ihrer Mutter Milch zu saugen. Dieses Verhalten zeigen sie in den ersten Lebenstagen. Wenn ein Welpe nicht innerhalb von ein paar Stunden am Gesäuge trinkt, können Sie versuchen, ihn bei der Mutter anzulegen. Lebensschwache Welpen, die möglicherweise auch noch von der Mutterhündin nicht gepflegt werden,

Erhöhte Futterständer sind gut für erwachsene Boxer und halten außerdem die Babys fern von Mutters Futter.

Diese Boxer-Welpen brauchen mehr Platz zum Schlafen. Sie sollten auch bereits an festes Futter gewöhnt sein.

sollten Sie nicht mit der Flasche aufziehen. Die Natur hat es schon so eingerichtet, daß die Hündin mögliche Defekte bei ihren Kindern besser erkennt als Sie es können. Ist ein Welpe jedoch nur untergewichtig und wird von seinen Geschwistern von der Zitze verdrängt können Sie ihm in den ersten Tagen etwas Hilfestellung geben, er wird dann den Gewichtsunterschied schon bald ausgeglichen haben.

Die Säugezeit beträgt etwa sechs Wochen. Ab der vierten Woche sollte

Mit sechs Wochen können Welpen entwöhnt werden.

langsam begonnnen werden, die Welpen von ihrer Mutter zu entwöhnen, indem man ihnen kleine Portionen Hundefutter anbietet.

Mit acht Wochen sollten sie komplett entwöhnt sein und sich ausschließlich von einem guten Welpen-Trockenfutter ernähren. Gerade jetzt ist eine gute Futtersorte besonders wichtig, da der

Muttermilch ist viel besser als jede künstliche Milch, weil sie natürliche Antikörper enthält, die die Welpen vor Krankheiten schützen.

Welpe und Junghund die schnellste Wachstumsphase im ersten Lebensjahr durchläuft. Sie können Ihren Tierarzt nach einem guten Aufzuchtfutter fragen. Diese Sorte sollte beibehalten werden bis ungefähr zum achtzehnten Lebensmonat.

Welpenfutter sollte alle Nährstoffe, die Ihr Hund braucht, in ausbalanciertem Verhältnis enthalten. Dann sind Zugaben von Vitaminen, Mineralstoffen und Proteinen nicht notwendig.

DIE FÜTTERUNG DES ERWACHSENEN HUNDES

Ein Hund wird als erwachsen angesehen, wenn sein Wachstum abgeschlossen ist. Dies bezieht sich auf die Körperhöhe und Körperlänge. Richten Sie sich nicht nach dem Gewicht des Hundes, wenn Sie vom Welpenfutter auf Erwachsenenfutter umstellen wollen. Sie sollten auch hierfür Ihren Tierarzt befragen, welches Futter er für den erwachsenen Hund empfiehlt. Die meisten Hundefutter-Hersteller spezialisieren sich auf den Futtertyp für erwachsene Hunde und Sie müssen auswählen, mit welcher Sorte Ihr Hund am besten zurechtkommt. Sehr lebhafte Hunde brauchen eine andere Zusammensetzung als ruhige Hunde.

Ein Boxer ist mit etwa zwei Jahren erwachsen. Einige Hunde sind bereits mit sechzehn Monaten ausgereift, andere brauchen bis zu drei Jahren.

DIE ERNÄHRUNG DES ALTEN HUNDES

Wenn Hunde älter werden, ändert sich ihr Stoffwechsel. Der alte Hund bewegt sich weniger und langsamer, er schläft mehr. Diese Änderung seiner Gewohnheiten und biologischen Abläufe erfordert auch eine Umstellung des Futters. Weil dieser Wechsel langsam stattfindet, ist er nicht leicht zu erkennen. Was leicht zu erkennen ist, ist die Gewichtszunahme. Wenn Sie kontinuierlich Ihrem Hund ein Erwachsenenfutter geben, obwohl sein Stoffwechsel sich verlangsamt, wird er an Gewicht zunehmen. Übergewicht bei alten Hunden verstärkt die Gesundheitsprobleme, die sowieso mit dem höheren Alter einhergehen.

Wenn Ihr Boxer erwachsen wird braucht er anderes Futter. Sprechen Sie mit Ihrem Tierarzt über den Zeitpunkt des Wechsels und die neue Futtersorte.

Wenn Ihr Hund älter wird, läßt auch die Funktionstüchtigkeit seiner inneren Organe nach. Die Arbeit der Nieren verlangsamt sich und die Verdauung wird weniger effizient.

Auf diese altersbedingten Probleme gehen Sie am besten ein, indem Sie das Futter wechseln und die Eßgewohnheiten ändern, indem Sie dem Hund mehrere kleine Mahlzeiten geben, die leichter verdaulich sind.

Es gibt kein spezielles Futter, das für jeden alten Hund am besten ist. Vielen Hunden bekommt ein spezielles Seniorfutter gut, andere kommen besser mit Welpenfutter oder speziellem Premiumfutter, wie Lamm- und Reis zurecht.

Ein aufmerksamer Umgang mit der Ernährung Ihres alten Boxers wird dazu führen, daß die altersbedingten Probleme gering sind und Sie länger Freude an Ihrem alten Freund haben.

Achten Sie drauf!

Viele Futtersorten für erwachsene Hunde enthalten Getreide. Dies ist nicht verkehrt, solange sie kein Sojamehl enthalten. Futtersorten mit hohem Getreideanteil verursachen häufig Blähungen beim Hund. Andererseits sind diese Futtersorten meist preisgünstig und ein gutes preisgünstiges Futter ist genauso gut wie das teuerste Hundefutter mit viel tierischem Proteinanteil.

In vielen Fällen jedoch braucht Ihr Hund eine besondere Diät. Diese besondere Diät sollte ausschließlich von Ihrem Tierarzt verordnet werden und diese Diät mußt dann natürlich auch eingehalten werden.

Womit ernähren Sie Ihren Hund?

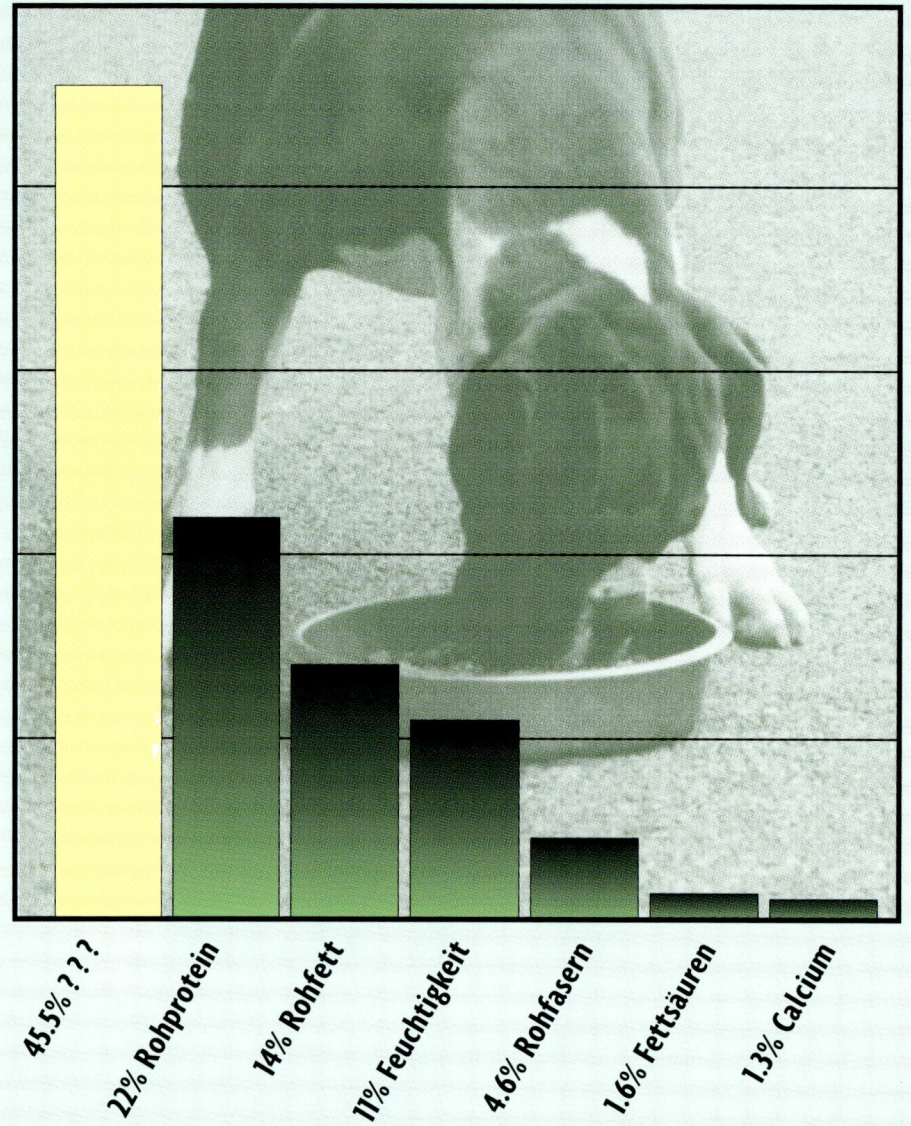

45.5% ? ? ? | 22% Rohprotein | 14% Rohfett | 11% Feuchtigkeit | 4.6% Rohfasern | 1.6% Fettsäuren | 1.3% Calcium

Lesen Sie die Angaben über die Zusammensetzung des Hundefutters. Die meisten Hersteller weisen nur 50 bis 55 % der Inhaltstoffe aus, die restlichen 45 % bleiben offen.

Wasser

So wie der Hund eine ausreichende Nährstoffversorgung durch sein Futter braucht, ist auch das Wasser ein wichtiger Teil seiner Ernährung. Genügend Wasser sorgt dafür, daß der Körper des Hundes genügend Flüssigkeit enthält und seine Organe gut funktionieren. Während der Erziehung zur Stubenreinheit müssen Sie ein Auge darauf haben, wieviel Ihr Boxer trinkt. Wenn er erst mal zuverlässig sauber ist, sollte er ständigen Zugang zu frischem, sauberem Wasser haben. Achten Sie darauf, daß der Trinknapf des Hundes sauber ist und wechseln Sie das Wasser häufig. Viele Tierärzte empfehlen, während der Fütterung des Boxers das Wasser wegzunehmen, um die Gefahr einer Blähung oder Magendrehung beim Boxer zu verringern.

Wenn Sie Ihre Hand in den Futternapf des Welpen stecken, erinnern Sie ihn daran, wer der Rudelführer ist. Achten Sie darauf, daß Ihr Welpe immer frisches Wasser zur Verfügung hat.

Bewegung

Das Bewegungsbedürfnis eines Boxers ist nicht so groß wie Sie vielleicht glauben. Der Boxer ist ein Arbeitshund, kein Jagdhund der überschüssige Energie hat und auch kein Spür-hund. Jeder Hund braucht Bewegung, ungeachtet seiner Rasse. Faulheit ist für einen Hund so schädlich, wie sie für einen Menschen ist. Der Boxer ist eine recht aktive Rasse, die mehr Bewegung braucht als eine Englische Bulldogge, aber Sie müssen kein Gewichtheber oder Marathonläufer sein, um Ihrem Hund das notwendige Training zu geben. Regelmäßige Spaziergänge, Spiele im Garten und ausreichender Freilauf unter Ihrer Aufsicht sind alles geeignete Möglichkeiten, Ihrem Boxer die benötigte Bewegung zu geben. Wenn Sie mehr tun wollen, werden Sie feststellen, daß Ihr Boxer Sie ohne Schwierigkeiten auf langen Spaziergängen oder bei der morgendlichen Joggingrunde begleitet. Bewegen ist nicht nur wichtig für die Gesunderhaltung des Körpers Ihres Hundes, sie ist auch ein wichtiger Faktor für seine psychische Zufriedenheit. Ein gelangweilter Hund wird sich eine Beschäftigung suchen, wobei es häufig vorkommt,

Lesen Sie die Aufschrift auf Ihrem Hundefutter und stellen Sie fest, worin sich die einzelnen Sorten unterscheiden. Glauben Sie niemals, daß das billigste Futter das schlechteste ist und das teuerste Futter das Beste.

73

Ein Futter für einen sehr aktiven Hund sollte sich von dem unterscheiden, welches ein Boxer, der sich weitgehend im Hause aufhält, bekommt.

Boxer hängen sehr an ihrem Herrchen. Pflege wie zum Beispiel das Bürsten Ihres Hundes, intensiviert die Bindung zwischen Ihnen und Ihrem Hund.

daß er anfängt, Sachen zu zerstören. Auf diese Weise ist ausreichende Bewegung auch wichtig für die Zufriedenheit des Besitzers.

PFLEGE
Bürsten
Eine Naturhaarbürste, eine Drahtbürste oder auch ein Pflegehandschuh kann für das routinemäßige tägliche Bürsten des Boxers benutzt werden. Durch das Bürsten werden abgestorbene Haare entfernt und die Arbeit der Talgdrüsen angeregt, wodurch das

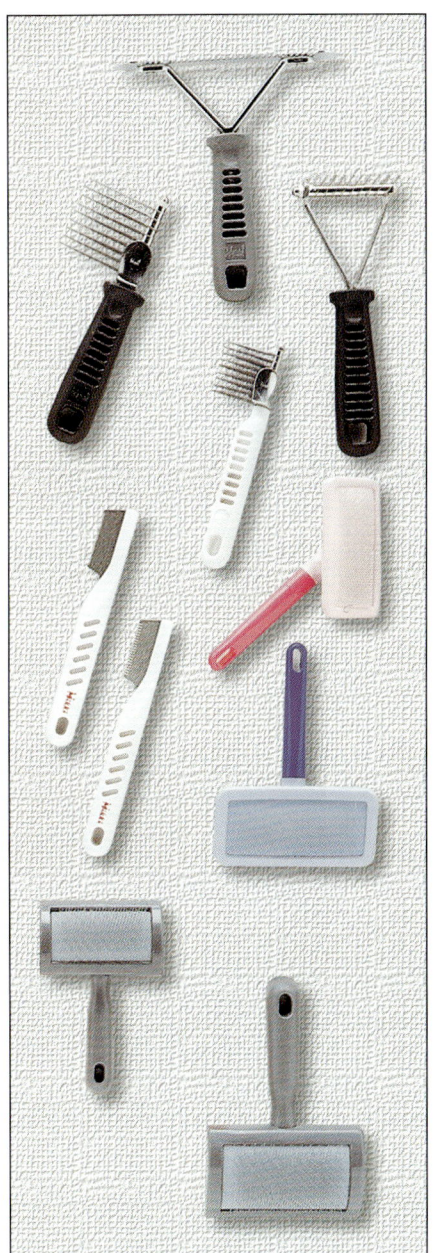

Ihr Zoofachhändler vor Ort bietet eine große Auswahl an Pflegemitteln für das Fell Ihres Hundes an.

Die meisten Boxer genießen es, gebürstet zu werden. Wenn möglich, bürsten Sie Ihren Boxer draußen und fegen hinterher die Hautschüppchen, toten Haare und den Staub zusammen.

Fell des Hundes gesund und glänzend aussieht. Der Boxer ist keine Rasse, die extrem viel Pflege braucht. Trotzdem sollte sein Fell alle paar Tage gebürstet werden. Regelmäßiges Bürsten entfernt Staub und Schuppen und löst totes Haar. Regelmäßige Pflegestunden sind zudem eine gute Gelegenheit, sich mit Ihrem Hund zu beschäftigen. Die meisten Hunde gewöhnen sich sehr daran und lieben das Gefühl, gebürstet zu werden.

Baden

Hunde brauchen nicht so oft gebadet werden wie Menschen. Aber ein gelegentliches Bad ist wichtig für die Gesundheit der Haut und ein sauberes glänzendes Fell. Wie bei fast allem sollten Sie auch hier Ihren Welpen

Bürsten sollten nach dem Gebrauch gereinigt werden, damit eventuelle Parasiten oder ihre Eier und Larven entfernt werden.

Boxer mögen es, gebadet zu werden. Wenn es die Temperatur erlaubt, können Sie Ihren Boxer draussen baden. Wenn Sie einen Schlauch benutzen, um ihn naß zu machen, richten Sie den Strahl nicht direkt ins Gesicht, die Ohren oder den Genitalbereich des Boxers.

Wußten Sie schon?
Der Gebrauch von Seifenprodukten wie Shampoo, Schaumbad und Seife für Menschen kann großen Schaden an Haut und Fell Ihres Boxers anrichten. Baden Sie Ihren Boxer so selten wie möglich. Ein Boxer muß nur gebadet werden wenn er sehr schmutzig ist oder wenn der Tierarzt ein medizinisches Bad verschreibt. In jedem dieser Fälle benutzen Sie jedoch ausschließlich ein spezielles Hundeshampoo.

frühzeitig ans Baden gewöhnen, damit der erwachsene Hund das Baden als normalen Teil der Pflege ansieht. Sie wollen doch, daß Ihr Hund ruhig in der Wanne steht, denn sonst ist das Bad eine nasse, seifige Angelegenheit für alle Beteiligten.

Wußten Sie schon?
Wenn Sie sicher sind, daß alle Shampooreste aus dem Fell Ihres Hundes herausgespült sind, drücken Sie mit der Hand das überschüssige Wasser aus seinem Haarkleid und trocknen ihn dann mit einem großen Handtuch ab. Sie können entweder einen Fön benutzen oder den Hund auf natürliche Weise trocknen lassen. Es werden auch „Trokkenbad-Produkte" angeboten; dies sind Sprays und Puder, die für die Reinigung kleinerer Stellen geeignet sind. Sie können, wenn es nötig ist, zwischen den regelmäßigen Bädern benutzt. Kein Trockenbad kann das regelmäßige Baden ersetzen, sie sind allerdings praktisch, da kein Trockenfönen des Fells mehr nötig ist.

Bürsten Sie Ihren Boxer gründlich, bevor Sie sein Fell naß machen. Dadurch werden die meisten losen Haare entfernt. Achten Sie darauf, daß Ihr Hund nicht ausrutscht, am besten legen Sie eine Anti-Rutschmatte in die Wanne. Für das Anfeuchten des

Felles brauchen Sie eine Brause, die auch später beim Ausspülen des Shampoos gute Dienste leistet. Prüfen Sie sorgfältig die Wassertemperatur, die weder zu hoch noch zu niedrig sein sollte.

Als nächstes geben Sie Shampoo auf das Fell des Hundes und massieren dieses gut ein. Sie sollten ein spezielles Hundeshampoo kaufen und kein „Menschenshampoo" benutzen. Als letztes waschen Sie den Kopf, achten Sie darauf, daß kein Shampoo in die Augen des Hundes läuft, während Sie ihn waschen. Massieren Sie das Shampoo gut ein. Sie können diese Gelegenheit nutzen, die Haut zu untersuchen. Sie sollte keine Knubbel, Bisse oder andere Anomalien aufweisen. Lassen Sie kein Körperteil Ihres Boxers aus – waschen Sie auch die schwer erreichbaren Stellen.

Wenn der Hund gründlich shampooniert ist, muß er gründlich abgespült werden. Shampooreste im Fell können Juckreiz und Ekzeme verursachen. Schützen Sie seine Augen vor dem Shampoo, indem Sie sie mit der Hand abschirmen und den Strom des Wassers in die Gegenrichtung lenken. Sie sollten auch darauf achten, daß kein Wasser in die Ohren läuft. Hinterher wird Ihr Hund sich kräftig schütteln – halten Sie daher am besten ein großes Handtuch bereit, sonst spritzt er alles naß und halten Sie ihn fest, damit er nicht durchs ganze Haus rennt.

Ohrenreinigung

Die Ohren müssen sauber gehalten werden und überstehende Haare im Innenohr müssen Sie entfernen. Für die Ohrenreinigung können Sie ein

Säubern Sie regelmäßig die Ohren Ihres Boxers. Achten Sie auf jedes Zeichen von Infektionen, Entzündungen oder Ohrmilben.

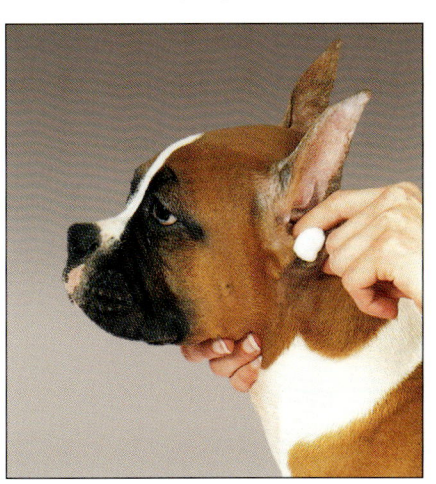

Achten Sie drauf!

Wie viele Pflegeutensilien Sie kaufen hängt davon ab, wieviel Aufwand Sie mit Ihrem Boxer betreiben wollen. Hier ist die Grundausstattung, d. h. Dinge die Sie unbedingt haben sollten:

- ◆ Bürste mit Naturborsten
- ◆ Drahtbürste
- ◆ Metallkamm
- ◆ Zahnsteinentferner
- ◆ Schere
- ◆ Haartrockner
- ◆ Gummiunterlage
- ◆ Hundeshampoo
- ◆ Duschaufsatz
- ◆ Ohrreiniger
- ◆ Wattepads
- ◆ Handtücher
- ◆ Nagelschere

Wattebällchen, die nach dem Gebrauch fortgeworfen werden, sind gut geeignet für die Ohrpflege Ihres Boxers.

Wattebällchen und speziellen Ohrenreiniger oder Ohrpuder für Hunde benutzen. Kontrollieren Sie die Ohren auf etwaige Anzeichen für Entzündungen oder Milbenbefall. Wenn Ihr Boxer häufig seinen Kopf schüttelt oder heftig an den Ohren kratzt, ist dies ein Zeichen für ein Problem. Wenn seine Ohren einen unangenehmen Geruch ausströmen, ist dies ein sicheres Zeichen für Milbenbefall oder Entzündung und somit ein Grund, umgehend einen Tierarzt aufzusuchen.

Nagelpflege

Ihr Boxer sollte frühzeitig daran gewöhnt werden, daß seine Nägel geschnitten werden, denn auch dies wird ein Teil der regelmäßigen Pflege sein. Kurze Nägel sehen nicht nur besser aus, sie verhindern auch, daß der Hund beim Anspringen jemanden verletzt. Ebenso kann ein langer Zehennagel abbrechen und splittern. Zu lange Nägel verursachen eine Fehlstel-

> **Wußten Sie schon?**
> Ein Hund, der einen großen Teil seines Lebens draußen auf hartem Boden verbringt, wird seine Krallen auf natürliche Weise abnutzen, so daß sie nicht so oft geschnitten werden müssen. In den kälteren Monaten, wenn der Hund nicht so viel draußen sein kann, ist jedoch auch bei diesen Hunden das Krallenschneiden häufiger vonnöten. In jedem Fall ist es am besten, Ihren Boxer so früh wie möglich an diese Prozedur zu gewöhnen. Manche Hunde sind besonders empfindlich wenn ihre Füße angefaßt werden. Aber wenn ein Hund bereits im Welpenalter damit vertraut gemacht wird, sollte ihn dies nicht mehr stören.

lung der Zehen. Wenn Sie beim Laufen die Nägel Ihres Hundes auf dem Boden klicken hören, sind sie zu lang. Bevor Sie mit dem Schneiden beginnen, schauen Sie nach der Ader, die im Nagel verläuft. Dieses Blutgefäß verläuft durch die Mitte jedes Nagels und reicht bis fast ans Ende. Wenn Sie versehentlich hineinschneiden, wird es bluten und außerdem Ihrem Hund Schmerzen bereiten, da auch Nervenenden das Blutgefäß begleiten. Sie sollten einen Blutstiller zur Hand haben, wie zum Beispiel einen Blutstillungs-Stift oder -Puder, wie er auch beim Rasieren benutzt wird. Dies wird die Blutung stoppen, wenn Sie versehentlich das Blutgefäß verletzt haben. Geraten Sie nicht in Panik, wenn dies passiert. Stoppen Sie die Blutung und reden Sie Ihrem Hund gut zu. Wenn er sich beruhigt hat, nehmen Sie sich

Die Krallen Ihres Boxers müssen immer wieder geschnitten werden. Sie sollten lernen, wie diese aussehen sollen und Ihren Hund an die Routine des Krallen-schneidens gewöhnen, solange er noch ein Welpe ist.

Für den Besuch einer Ausstellung sollten Sie überstehen-des Haar entfernen.

den nächsten Nagel vor. Es ist einfacher, wenn Sie immer nur ein kleines bißchen kürzen, vor allem bei Hunden mit schwarzen Krallen.

Halten Sie Ihren Welpen gut fest wenn Sie anfangen, seine Krallen zu schneiden, damit er keine plötzlichen Bewegungen macht und nicht fortläuft. Sprechen Sie beruhigend mit ihm und streicheln Sie ihn, wenn Sie schneiden. Wenn Sie sein Pfötchen in die Hand nehmen ist es leicht, mit einem schnellen Schnitt das Ende jeder Kralle abzuschneiden. Es gibt spezielle Nagelzangen für Hunde, die Sie im Fachhandel kaufen können.

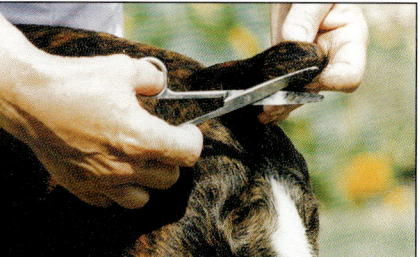

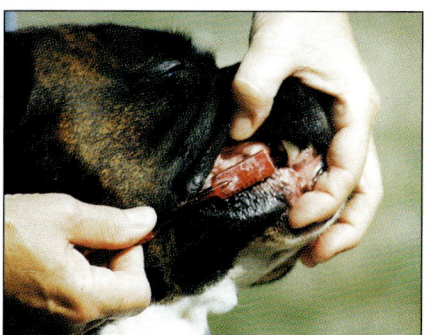

Die Zahn-pflege Ihres Boxers er-fordert regel-mäßiges Bürsten und den Ge-brauch von Zahnpflege-knochen, die in Ihrer Zoo-handlung erhältlich sind. Es gibt auch speziel-le Hunde-zahnbürsten.

Diese Schere mit abgerundeten Spitzen können Sie benutzen, um überstehende Gesichtshaare Ihres Boxers zu entfernen.

REISEN MIT IHREM HUND
Autofahrt

Sie sollten Ihren Boxer bereits als Welpe ans Autofahren gewöhnen. Vielleicht nehmen Sie ihn häufig mit, vielleicht auch nicht, auf jeden Fall aber wird er mit dem Auto zum Tierarzt müssen und Sie wollen doch nicht, daß diese Fahrten für Ihren Hund zum Schreckerlebnis oder für Sie zur Gefahr werden. Für einen Hund ist die sicherste Art der Beförderung in seiner Flugbox. Wenn Sie eine Flugbox im Haus haben, können Sie diese für Autofahrten benutzen. Es gibt auch spezielle Drahtkäfige, deren Größe der Ladefläche verschiedener Automodelle angepaßt wurde.

Es gibt besondere Käfige, in denen Ihr Boxer sicher im Auto transportiert werden kann. Erlauben Sie Ihrem Hund niemals, sich frei im gesamten Auto aufzuhalten, während Sie fahren.

Setzen Sie den Welpen in den Käfig und beobachten Sie, wie er reagiert. Wenn er sich nicht wohlfühlt, kann ein Beifahrer ihn trösten während Sie fahren. Eine andere Möglichkeit ist ein spezieller Sicherheitsgurt für Hunde, der in den normalen Sicherheitsgurt des Autos eingeklinkt wird. Lassen Sie den Hund nicht einfach so im Auto herumspringen. Wenn Sie heftig bremsen müssen, kann Ihr Hund nach vorne geschleudert und verletzt werden. Wenn Ihr Hund anfängt auf Ihnen herumzuklettern und Sie beim

> ### Achten Sie drauf!
> Lassen Sie niemals Ihren Hund allein im Auto. Bei großer Hitze kann Ihr Hund durch die Temperaturen, die sich im Inneren eines geschlossenen Autos entwickeln, einen Hitzschlag bekommen. Daran ändert auch ein Fenster, das einen Spalt geöffnet ist, nichts.

Fahren stört, können Sie sich nicht mehr auf den Verkehr konzentrieren. Dies ist gefährlich für alle Beteiligten – Mensch und Hund.
Bei langen Reisen denken Sie daran, regelmäßige Pausen einzulegen, damit der Hund trinken und sich lösen kann. Sie sollten nach Möglichkeit immer etwas zum Wischen im Auto liegen haben. Nehmen Sie ein paar alte Handtücher oder eine Küchenrolle mit, falls es Ihrem Hund schlecht wird.

Flugreisen
Wenn Sie Ihren Hund im Flugzeug mitnehmen wollen, müssen Sie vorher mit der Fluggesellschaft sprechen.

band, befestigt mit sich führen. Tiere werden nicht im Passagierraum des Flugzeuges transportiert und obwohl der Transport von Hunden von den Fluggesellschaften routinemäßig übernommen wird, besteht immer noch das Risiko, daß Sie von Ihrem Hund getrennt werden, wie ja auch Gepäck manchmal im falschen Flugzeug landet.

URLAUB
Wenn Sie einen Familienurlaub planen sollten alle Familienmitglieder daran teilnehmen. Wenn Sie mit dem Hund reisen ist es besonders wichtig, lange im voraus die Übernachtungen und Hotelaufenthalte zu klären. Sie wollen schließlich nicht mitten in der Nacht am Hotel ankommen und dann

Spezielle Geschirre können für verschiedene Gelegenheiten notwendig sein. Es gibt auch Haltegeschirre, die im Auto am Sicherheitsgurt befestigt werden.

Es kommt häufig vor, daß Hunde Flugreisen machen. Trotzdem muß vorher eine Genehmigung eingeholt werden. Die Hunde werden in speziellen Flugboxen transportiert, vielleicht haben Sie bereits eine daheim, sonst können Sie bei der Fluggesellschaft eine ausleihen. Damit der Hund sich wohlfühlt legen Sie sein Lieblingsspielzeug und ein paar weiche Decken in die Box.

Mindestens sechs Stunden vor dem Flug sollten Sie Ihren Hund nicht mehr füttern, damit er nicht gezwungen ist, seinen Käfig zu verunreinigen. Die gesetzlichen Bestimmungen stellen sicher, daß er während des Fluges ausreichend Wasser bekommt.

Ihr Hund sollte die Telefonnummer eines Ansprechpartners sowohl auf seinem Käfig als auch an seinem Hals-

---

Wußten Sie schon?
Für Auslandsreisen müssen Sie evtl. bereits Monate vorher die notwendigen Vorbereitungen treffen, da die Einreisebestimmungen für die einzelnen Länder variieren. Es können spezielle Gesundheitszeugnisse oder Impfungen notwendig sein, die manchmal auch noch in einem bestimmten Zeitrahmen vorgenommen werden müssen. In Ländern, in denen Fälle von Tollwut auftreten (z. B. Großbritannien) ist außer einem Nachweis über die Tollwutfreiheit eine teilweise mehrmonatige Quarantäne erforderlich.

---

feststellen, daß Hunde dort verboten sind. Daher sollten Sie, wenn Sie das Hotel für Ihre Familie buchen, gleich dazu sagen, daß Sie einen Hund mitbringen. Wenn Hunde in diesem Hotel nicht erwünscht sind, dann haben Sie alle keine Bleibe.

Wenn Sie sich entscheiden ohne Ihren Hund zu verreisen, werden Sie vorher klären müssen, wer ihn in Ihrer Abwesenheit versorgt. Es gibt die Möglichkeit, einen Nachbarn zu bitten, daß er Ihren Boxer in den Ferien übernimmt oder, wenn Sie den Nachbarn gut kennen, den Hund daheim zu lassen und den Nachbarn bitten, mehrmals am Tag nach ihm zu sehen. Sie können einen Haus- und Tiersitter beauftragen, oder den Hund in einer vertrauenswürdigen Hundepension unterbringen. Hundepensionen müssen Sie vorher sorgfältig prüfen. Besuchen Sie das Gelände, stellen Sie fest, wo die Hunde untergebracht sind und ob die Zwinger sauber sind. Sprechen Sie mit einigen Angestellten und beobachten Sie, wie diese die Hunde behandeln – beschäftigen sie sich mit den Hunden, spielen sie mit ihnen, führen sie spazieren usw.? Sie wissen, daß Ihr Boxer nicht glücklich ist, wenn er nicht genügend Bewegung hat. Außerdem müssen Sie herausfinden, welche Voraussetzungen für den Aufenthalt Ihres Hundes in der Pension notwendig sind. Impfungen, Wurmkuren und nicht zuletzt auch der Preis. Dies ist wichtig für die Sicherheit aller Hunde; denn wo viele Hunde zusammen gehalten werden, steigt das Infektions-Risiko. Viele Tierkliniken bieten ebenfalls Ferienplätze an. Dies ist auch eine Möglichkeit.

KENNZEICHNUNG

Ihr Boxer ist Ihr geschätzter Begleiter und Freund. Deshalb passen Sie immer gut auf ihn auf und haben auch sichergestellt, daß er nicht aus dem Garten entkommen oder sich aus seinem Halsband winden und fortlaufen kann. Unfälle können jedoch passieren und möglicherweise verlieren Sie Ihren Hund irgendwann einmal. Wenn dieser unglückliche Fall eintreten sollte, werden Sie alle Anstrengungen unternehmen, um ihn wiederzufinden. Ein Adressenanhänger am Halsband erhöht die Möglichkeit, daß er schnell zu Ihnen zurückgebracht wird. Länger dauert die Identifizierung über die Tätowierung, die er bereits bei seinem Züchter bekam und die beim Boxer-Club registriert ist.

Hunde die sich nicht gut kennen, sollten nicht unbeaufsichtigt zusammenbleiben.

Hilfe – mein Boxer ist weg!

Wenn Ihr Hund verloren geht, kann er nicht nach dem Heimweg fragen. Ein Adressenanhänger, der am Halsband befestigt wird, sollte wichtige Informationen enthalten – den Namen des Hundes, den Namen des Besitzers, die Adresse des Besitzers und eine Telefon-Nummer, unter der der Besitzer erreicht werden kann. So kann jemand, der den Hund findet, ohne Schwierigkeiten den Besitzer ausfindig machen und den Hund zurück nach Hause bringen. Ein zusätzlicher Vorteil ist, daß man leicht erkennen kann, daß ein allein herumlaufender Hund ein Haustier und kein Streuner ist, wenn er ein Halsband mit Adressenanhänger trägt. Dies ist die einfachste und schnellste Identifizierungsmethode, vorausgesetzt, der Adressenanhänger bleibt am Halsband und das Halsband bleibt am Hund.

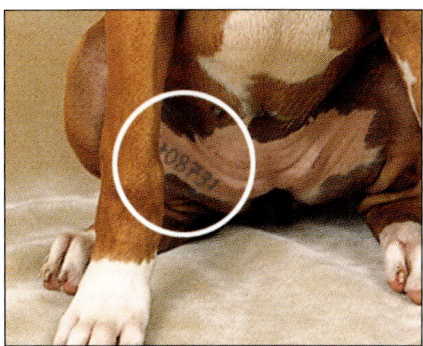

Tätowierungen helfen bei der Identifikation Ihres Hundes. Die Tätowierung wird gewöhnlich auf der Innenseite des Schenkels angebracht. Im Allgemeinen werden keine tätowierten Hunde gestohlen und wenn der Hund verloren geht, kann anhand der Tätowierung leichter der Besitzer identifiziert werden. Die gebräuchliche Form der Identifizierung ist der Adressanhänger am Halsband.

Kennzeichnen Sie ihn!

Da Rassehundewelpen sehr wertvoll sind, besteht die Gefahr, daß sie gestohlen werden. Die übliche Identifikationsmarke am Halsband kann natürlich leicht entfernt werden. Es gibt jedoch zwei andere Methoden, mit denen ein Hund eindeutig identifiziert werden kann.

Die Kennzeichnung mit Mikrochips bedeutet, daß dem Hund ein Mikrochip von ungefähr der Größe eines Reiskorns unter die Haut injiziert wird. Wenn Ihr Hund in einem Tierheim gefunden wird, kann er durch den Mikrochip einwandfrei identifiziert werden. Der Mikrochip wird mit speziellen Geräten abgelesen und Sie können in kürzester Zeit als Besitzer identifiziert werden. Dies ist nicht nur ein Schutz gegen Diebstahl, sondern auch wenn Ihr Hund fortläuft oder beim Spaziergang etwas jagt und Sie nicht wiederfindet, haben Sie eine gute Chance, ihn zurück zu bekommen.

Eine weitere gebräuchliche Art der Kennzeichnung Ihres Hundes ist die Tätowierung. Sie kann an verschiedenen Stellen des Hundes vorgenommen werden, zum Beispiel seinen Ohren, der Schenkelinnenseite oder an den Wangen. Die Tätowierungsnummer wird vom Zuchtverband vorgegeben und steht in der Ahnentafel Ihres Hundes. Wenn professionelle Hundediebe einen tätowierten Hund sehen, verlieren sie gewöhnlich das Interesse. Sowohl das Einsetzen eines Mikrochips als auch die Tätowierung im Ohr können von Ihrem Tierarzt vorgenommen werden. Zur Sicherheit Ihres Hundes ist die Tätowierung die vorteilhaftere Methode, da sie von außen sichtbar ist und von jedem abgelesen werden kann. Somit wird ein Gauner gar nicht erst in Versuchung geführt.

Ein Boxer muß erzogen werden. Ein undiszipli- nierter Boxer ist als Haus- tier einfach nicht zu er- tragen. Je besser er erzogen ist, desto mehr werden Sie das Zusam- menleben mit Ihrem Hund genießen. Investieren Sie die Zeit, wenn er jung ist, damit Sie sein ganzes Leben lang Freude an ihm haben.

Erziehung und Training Ihres Boxers

Mit einem unerzogenen Hund zu leben ist ähnlich wie ein Klavier zu besitzen ohne spielen zu können – es ist schön anzuschauen, bringt aber sonst keinen Nutzen. Wenn Sie jetzt Klavierstunden nehmen, wird das Klavier mit einem Mal lebendig und bringt magische Klänge hervor, die Ihr Herz singen und Ihren Körper tanzen lassen. Das trifft auch auf Ihren Boxer zu. Zuerst genießen Sie es, ihn im Haus herumlaufen zu sehen. Er fordert nicht viel mehr von Ihnen als Futter, Wasser und Bewegung. Wenn Sie es sich recht überlegen, bringt er auch nicht besonders viel Freude. Er ist eine große Verantwortung, die wenig zurückgibt. Und oft entwickelt er unerwünschte Verhaltensweisen, die Sie stören oder erzürnen bis hin zu den schlechten Gewohnheiten, die schließlich viel Geld kosten. Dies ist nicht nötig.

Nun erziehen Sie Ihren Boxer. Nehmen Sie an einer Begleithunde-Ausbildung teil, sowohl um ihm gute Manieren beizubringen als auch um selbst zu lernen, wie er sich verhält und warum er dies tut. Finden Sie heraus, wie Sie mit Ihrem Hund sprechen können und wie Sie seine Kommunikation mit Ihnen erkennen und verstehen können. Plötzlich nimmt der Hund einen neuen Platz in Ihrem Leben ein. Er ist hübsch, interessant, wohlerzogen, es macht Spaß, sich mit ihm zu beschäftigen und er zeigt jeden Tag aufs Neue

Manche Besitzer lieben Boxer so sehr, daß sie jedes Jahr einen neuen Hund kaufen. Natürlich müssen die Hunde gut erzogen werden. Ein gefliester Fußboden hilft während des Stubenreinheits-Trainings.

seine intensive Verbindung zu Ihnen. Mit anderen Worten: Ihr Boxer tut Wunder für Ihr Selbstvertrauen, indem er Sie ständig daran erinnnert, daß Sie nicht nur sein Führer, sondern sein Held sind! Wunderbare Dinge sind geschehen, Sie haben einen angenehmen Hund (sogar Ihre Familie und Ihre Freunde haben die Veränderungen bemerkt) und Sie sind mit sich selbst und dem Hund zufrieden.

Welpen sind von Natur aus neugierig und aufgeschlossen.

Die Erziehung hört niemals auf. Boxer müssen ihre Erziehung immer wieder aufgefrischt bekommen. Wenn ein Hund hochspringt, um seine Liebe zu zeigen, kann dies sehr störend sein.

Die Menschen, die sich mit Hundeerziehung beschäftigen und den Hundebesitzern das Verhalten Ihrer Hunde erklären, haben interessante Fakten über Hundebesitzer herausgefunden. Zum Beispiel: Wenn Sie mit der Erziehung Ihres Hundes bereits als Welpe beginnen, sind die Chancen, daß er sich zu einem wohlerzogenen und gehorsamen erwachsenen Hund entwickelt, am größten. Die Erziehung eines älteren Hundes von ca. sechs Monaten bis zu sechs Jahren kann beinahe denselben Erfolg erziehlen, wenn der Hundebesitzer bereit ist, die langsamere Lernfähigkeit des Hundes zu akzeptieren und dem Hund geduldig dabei hilft, sich zum vollen Erfolg zu entwickeln. Unglücklicherweise fehlt es den meisten Besitzern unerzogener erwachsener Hunde gerade an dieser Geduld und Sie wenden nicht genug Zeit auf, damit ihr Hund erfolgreich bestimmte Verhaltensweisen lernen kann.

Einen Welpen zu erziehen, der zwischen acht und sechzehn Wochen alt ist (oft auch bis zu zwanzig Wochen) ist wie das Arbeiten mit einem trockenen Schwamm in einem Eimer Wasser. Der Welpe saugt alles was Sie ihm zeigen auf und sucht stän-

dig nach mehr. Instinktiv weiß er, daß er in den ersten Lebensmonaten alles lernen muß, was er zum Überleben braucht. Sie sind sein Rudelführer, Sie geben ihm Futter, Wasser, Schutz und Sicherheit. Deshalb will er in Ihrer Nähe bleiben. Er folgt Ihnen gewöhnlich von einem Zimmer ins Nächste, wird Sie auf Spaziergängen nicht aus den Augen lassen und verhält sich bei der Begegnung mit Menschen und Tieren so, wie er es von Ihnen sieht. Wenn Sie zum Beispiel einen Freund herzlich begrüßen wird er sofort das Gleiche tun. Wenn Sie andererseits unschlüssig oder sogar

ängstlich sind, wenn Ihnen ein Fremder begegnet, wird er sich sofort ebenfalls anspannen.

Je älter er wird, umso mehr nehmen Selbstständigkeit und Unabhängigkeit zu. Dies ist der Moment, wo Sie feststellen werden, daß ein unerzogener Hund sich von Ihnen entfernt und sogar Ihre Kommandos in der Nähe zu bleiben, ignoriert. Wenn dieses Verhalten zu einem Problem wird, haben Sie als Besitzer zwei Möglichkeiten: Den Hund abgeben oder ihn erziehen. Es ist wohl selbstverständlich, daß Sie die zweite Möglichkeit wählen.

Manchmal sind keine Hundeplätze in annehmbarer Entfernung zu Ihrem Wohnort, oder es gibt Hundeplätze, aber die Ausbildung ist zu teuer. Um diese Schwierigkeiten zu verringern wollen wir mit diesem Buch einige Hilfestellungen geben.

Dieses Kapitel soll Ihnen helfen, Ihren Boxer zu Hause zu erziehen. Wenn Sie diesen Anweisungen genau folgen, können Sie positive Ergebnisse erwarten, die für Sie und Ihren Hund ein großer Fortschritt sind.

Egal, ob Ihr Boxer ein Welpe oder beinahe erwachsen ist, werden dieselben Trainingsmethoden und -techniken angewandt. Schließlich mag kein Hund, egal ob klein oder groß, gewaltsame oder unmenschliche Methoden. Alle Lebewesen jedoch reagieren gut auf freundliche motivierende Kommandos und viel Lob und Ermutigung. Nun lassen Sie uns beginnen.

STUBENREINHEIT

Sie können einen Welpen dazu erziehen sich zu lösen, wo immer Sie wollen. Stadtbewohner bringen oft Ihren Hunden bei, sich im Rinnstein zu

> ### Achten Sie drauf!
> Wenn Sie noch andere Haustiere haben, oder häufig mit den Haustieren anderer Menschen zusammenkommen, wird Ihr Welpe sich diesen gegenüber genau so verhalten, wie Sie es tun. Nur wenn Sie Angst oder Zurückhaltung zeigen, wird auch Ihr Welpe zurückhaltend reagieren. Wenn Sie Freude zeigen, wird auch Ihr Welpe sich über den Besuch freuen.

lösen, da größere Wiesen schlecht erreichbar sind. Dorfbewohner wiederum haben meistens einen Garten um die Bedürfnisse ihres Hundes zu erfüllen.

Stubenreinheitserziehung sollte verschiedene Bodenbeläge wie Erde, Gras und Beton umfassen. Kleine Hunde können Sie jedoch auch dazu abrichten, sich im Haus auf Zeitungspapier zu lösen oder in einer Katzentoilette. Wenn Sie entschieden haben, welchen Bodenbelag und Ort Ihr Hund benutzen soll, müssen Sie sicher sein, daß der Untergrund in der ersten Zeit gleich bleibt. Sollten Sie Ihren Hund dazu erziehen, sich auf einer Wiese zu lösen und sich dann zwei Monate später für Asphaltboden entscheiden, ist dies recht schwierig für den Hund. Als Nächstes wählen Sie das Kommando aus, welches Sie jedesmal verwenden, wenn Sie wollen, daß Ihr Welpe sich löst „Geh und mach" ist ein Beispiel für ein Kommando, das häufig von Hundehaltern verwendet wird.

Gewöhnen Sie sich an, Ihren Hund zu fragen „Mußt Du nach draußen", bevor Sie ihn nach draußen tragen. Auf diese Art werden Sie, wenn er erwachsen ist, steuern können, zu

Sie schulden Ihrem Boxer ein gemütliches Zu-hause.

welcher Zeit und an welchem Platz er sich löst. Eine Antwort ist möglicherweise Schwanzwedeln, Sie intensiv anschauen und zur Tür laufen oder Ähnliches.

DIE BEDÜRFNISSE DES WELPEN

Ein Welpe muß nach jedem Spielen, nach dem Schlafen, nach jeder Mahlzeit und jedesmal, wenn er durch sein Verhalten zeigt, daß er nach einem Löseplatz sucht, nach draußen getragen werden.

Die Blasen- und Darmmuskeln eines sehr kleinen Welpen sind noch nicht voll entwickelt. Er kann daher, wie ein kleines Kind, sein Bedürfnis noch nicht kontrollieren.

Wenn er erst einmal ein gesunder und erwachsener Hund ist, braucht er nur noch drei bis fünf Lösezeiten pro Tag.

VORÜBERLEGUNGEN

Weil die verschiedenen Arten des Zusammenlebens und der Kontrolle, die Sie über Ihren Welpen ausüben, in direktem Zusammenhang mit dem Erfolg der Stubenreinheitserziehung stehen, wollen wir die verschiedenen Aspekte durchsprechen, bevor wir mit dem Training beginnen.

Wenn Sie den neuen Welpen nach

Hause bringen und sofort im ganzen Haus frei herumlaufen lassen, könnte man dies mit einem Kind vergleichen, daß Sie auf einem Sportplatz laufen lassen und ihm sagen, dieser Platz gehöre ihm ganz allein. Die schiere Größe des Platzes ist viel zu beeindruckend, als daß es damit vernünftig umgehen könnte.

Sie sollten stattdessen dem Welpen klar definierte Bereiche anbieten, in denen er spielen, schlafen, essen und leben kann. Ein Zimmer im Haus, wo sich die ganze Familie häufig aufhält, ist eine gute Wahl. Welpen sind soziale Tiere und brauchen das Gefühl, ein Teil des Rudels zu sein, von Anfang an. Wenn er Ihre Stimme hört, Sie bei der Arbeit beobachtet und Sie in seiner Nähe riecht, sind all dies positive Verstärker, die ihm zeigen, daß er nun ein Mitglied Ihres Rudels ist. Gewöhnlich wird das Wohnzimmer, die Küche oder ein anschließendes Eßzimmer ideal sein, um Zusammengehörigkeit und Sicherheit für beide, Welpen und Besitzer, zu bieten.

Wußten Sie schon?

Grundgehorsamskurse dauern gewöhnlich zwischen sechs und acht Wochen. Hund und Besitzer nehmen einmal in der Woche an einer Übungsstunde unter Anleitung teil und üben dann zu Hause mehrmals am Tag für ein paar Minuten. Wenn dies konsequent durchgeführt wird, ist das Ergebnis ein wohlerzogener Hund und ein Besitzer, der froh sein kann, mit einem Hund zusammenzuleben, der sich gut benimmt und gemeinsame Unternehmungen genießt.

Entwicklungsschema des Boxers

Es ist wichtig zu verstehen, wie und in welchem Alter der Welpe Fortschritte in seiner Entwicklung macht. Wenn Sie ein Welpenbesitzer sind lesen Sie das folgende Entwicklungsschema des Boxers, um festzustellen, welches Entwicklungsstadium Ihr Boxer-Welpe als Nächstes erreichen wird. Diese Kenntnisse werden Ihnen helfen, das Verhalten des Welpen in den nächsten Wochen und Monaten zu verstehen.

Abschnitt	Alter	Charakteristika
1. BIS 3. ZEIT-ABSCHNITT	GEBURT BIS ZUR 7. WOCHE	Welpen brauchen Futter, Schlaf und Wärme und Antworten auf einfache und vorsichtige Berührungen. Sie brauchen ihre Mutter, um ein Gefühl der Sicherheit zu haben und um Disziplin zu lernen. Sie brauchen ihre Wurfgeschwister um zu lernen, wie man sich anderen Hunden gegenüber verhält. Später lernt der Welpe richtiges Verhalten und die dominante Rangordnung im Rudel. In dieser Zeit beginnt auch die Sozialisierung dem Menschen gegenüber, zunächst mit kurzen Begegnungen mit Erwachsenen und Kindern. Mehr und mehr nimmt der Welpe von seiner Umgebung wahr.
4. ZEIT-ABSCHNITT	8. BIS 12. WOCHE	Das Gehirn ist voll entwickelt. Der Welpe braucht Kontakt mit der Außenwelt. Er wird von der Mutterhündin ud den Wurfgeschwistern getrennt. Es ist wichtig, ihn in dieser Zeit aus dem Hunderudel ins „Menschenrudel" wechseln zu lassen. Der Mensch muß die dominante Rolle einnehmen. Eine Angstperiode tritt zwischen der 8. und 16. Woche ein. Vermeiden Sie in dieser Zeit Furcht und Schmerz.
5. ZEIT-ABSCHNITT	13. BIS 16. WOCHE	Erziehung und Unterordnung müssen beginnen. Weniger Zusammenkünfte mit anderen Hunden sind wichtig, mehr mit Menschen, neuen Orten und neuen Situationen. Verhalten sie sich dem Welpen gegenüber konsequent und gerecht. Der Fluchtinstinkt taucht auf. Mangelnde Erziehung oder zu starker Druck können lebenslangen Schaden anrichten. Loben Sie den Hund für gutes Verhalten.
JUGENDALTER	4. BIS 8. MONAT	Eine andere Angstperiode durchläuft der Hund zwischen dem 7. und 8. Lebensmonat. Sie geht schnell vorbei, aber seien Sie vorsichtig mit Furcht und Schmerz. In dieser Zeit erlangt der Hund seine Geschlechtsreife. Er entwickelt dominante Verhaltensweisen. Nun sollte der Hund „Sitz", „Platz", „Komm" und „Bleib" beherrschen.

ZUR BEACHTUNG: DIES SIND UNGEFÄHRE ZEITANGABEN. JEDER WELPE ENTWICKELT SICH EIGENSTÄNDIG UND MAG VIELLEICHT VOM VORGEGEBENEN SCHEMA ABWEICHEN.

Gewöhnlich bevorzugen Boxer-Welpen weiche, warme Plätze wie ein Kopfkissen, eine Matratze oder einen Polstersessel. Diese Boxer-Welpen ziehen den kalten Boden vor.

In diesem Raum sollte es einen kleinen Bereich geben, der ganz allein dem Welpen gehört. Ein Körbchen, ein Käfig oder eine abgeteilte Ecke, aus der er die Aktivitäten seiner neuen Familie bobachten kann ist sehr gut. Die Größe dieses Bereichs ist hier der Schlüsselfaktor. Der Bereich muß groß genug sein, daß der Welpe sich hinlegen und ausstrecken kann und wenn er sich hinstellt darf sein Kopf nicht an die Decke stoßen. Allerdings sollte er nicht so groß sein, daß er sich am einen Ende lösen und am anderen Ende schlafen kann, ohne mit seinen

Das Körbchen sollte mit einem sauberen Handtuch ausgekleidet sein und mindestens ein Spielzeug enthalten. Stellen Sie Futter und Wasser nicht in direkte Reichweite, sonst können Sie die Nahrungsaufnahme des Welpen nicht kontrollieren. Diese beschleunigt die Verdaungsprozesse Ihres jungen Boxers und kann so Ihre Bemühungen um Stubenreinheit zunichte machen und außerdem für den Welpen, der große Mühe hat einzuhalten, sehr unbequem sein.

Wußten Sie schon?

Bringen Sie Ihren Hund jedesmal an den selben Platz, benutzen Sie immer das selbe Kommando und halten Sie ihn an der Leine wenn er an seinem Löseplatz ist, sofern Sie keinen eingezäunten Garten haben.

Wenn Sie dieser Erfolgsmethode folgen wird Ihr Boxerwelpe stubenrein sein sobald die Entwicklung seiner Muskeln und seines Gehirns weit genug fortgeschritten sind. Denken Sie daran, daß kleinere Hunderassen sich gewöhnlich schneller entwickeln als große und obwohl große Rassen wie der Boxer schnell wachsen, ist er mindestens bis zum sechsten Monat doch noch ein Welpe. Bis dahin sollte er spätestens zuverlässig stubenrein sein.

KONTROLLE

Mit Kontrolle meine ich, dem Welpen zu helfen, einen Tagesablauf zu finden, der mit dem seines menschlichen Rudels harmoniert (mit Ihrem!). So, wie man kleinen Kindern hilft, unsere Lebensgewohnheiten anzunehmen, muß man dem Welpen zeigen, wann es für ihn Zeit ist zu spielen, zu essen, zu schlafen, spazieren zu gehen und sich zu amüsieren.

Ihr Welpe sollte immer in seinem Körbchen schlafen. Er sollte auch lernen, daß er während der Tageszeiten, wie zum Beispiel beim Frühstück, wenn die Familienmitglieder sich für den Tag vorbereiten, er in seinem Körbchen sicher allein spielen kann. Bis zu einem halben Jahr ist der Welpe psychisch noch nicht in der Lage, allein zu bleiben. Wenn Sie ihn doch

Ausscheidungen in Kontakt zu kommen. Hunde sind von Natur aus saubere Tiere und lösen sich nicht in direkter Nähe ihres Schlafplatzes, außer sie sind dazu gezwungen. In diesem Fall bleiben sie unsaubere Hunde und behalten ihre unangenehme Angewohnheit in der Regel ein Leben lang bei.

aus irgendeinem Grund einmal für sehr kurze Zeit allein lassen müssen, setzen Sie ihn nach einem ausgiebigen Spiel mit seinem Körbchen in ein Zimmer, in dem er möglichst wenig anstellen kann. Welpen kauen gerne, sie kennen keinen Unterschied zwischen Fernsehkabeln, Schuhen, Tischbeinen und ihrem Spielzeug. Wenn Ihr Welpe in ein Fernsehkabel beißt kann dies tödlich für ihn sein. Außerdem

Heimkehr bedeutet, daß er geschlagen oder gestraft wird.

Zu anderen Zeiten, wenn in Ihrem Haus große Aufregung herrscht, kann auch dies für den Welpen einen großen Spaß bedeuten, vorausgesetzt er befindet sich in seinem Körbchen und kann die Aktivitäten aus der Sicherheit seines eigenen Bereiches, unterstützt von einem vertrauten „Rudelmitglied", beobachten. Er läuft dann nicht

Dieser acht Wochen alte Boxerwelpe kann mit der Situation einfach nichts anfangen. Welpen sollten keinen ängstigenden Erfahrungen ausgesetzt werden, dadurch können sie fürs Leben verdorben werden.

kann ein Kurzschluß einen Brand in Ihrem Haus verursachen. Bei längerer Abwesenheit sollten Sie unbedingt jemanden beauftragen, der solange auf den Welpen aufpaßt.

Wenn der Welpe alleingelassen an der Armlehne Ihres Wohnzimmersessels nagt, werden Sie ihn möglicherweise wütend ausschimpfen, wenn Sie nach Hause kommen. So verknüpft er, Ihre

allen zwischen den Füßen herum und wird nicht mit allen möglichen Leckerchen, die einen verdorbenen Magen verursachen könnten, gefüttert und ist trotzdem ein Teil des Rudels.

SCHEMA

Wie vorher schon gesagt, sollte ein Welpe jedesmal wenn er aus dem Schlaf aufwacht, nach jeder Mahlzeit,

Es ist falsch, den Welpen an Zeitungspapier zu gewöhnen, um sich zu lösen. Gehen Sie mit Ihrem Welpen nach draußen, wenn er sein „Geschäft" erledigen muß.

nach jeder Spielstunde und sofort, wenn er morgens aufwacht, an seinen Löseplatz gebracht werden. Es ist möglich, daß er mit acht Wochen bereits morgens um fünf nach draußen muß. Jedesmal, wenn er sein Bedürfnis anzeigt, indem er eifrig herumschnüffelt und sich im Kreis dreht, ist es außerdem Zeit, ihn in den Garten zu tragen. Für einen Welpen unter zehn Wochen ist es zwingend notwendig, daß ein einstündiger Rhytmus eingehalten wird. Wenn der Welpe größer wird, ist er in der Lage, länger durchzuhalten. Sorgen Sie für kurze Wege zu seinem Löseplatz. Bleiben Sie dort auch nicht länger als fünf oder sechs Minuten und gehen Sie dann zurück ins Haus. Wenn er sich während dieser Zeit löst, loben Sie ihn überschwenglich und tragen ihn sofort hinein. Wenn er sich nicht löst, aber danach im Haus einen Unfall hat, nehmen Sie ihn sofort hoch, sagen: „Nein, nein" und kehren zu seinem Löseplatz zurück. Warten Sie dort ein paar Minuten und gehen Sie dann zurück ins Haus. NIEMALS sollten Sie einen Welpen schlagen oder sein Gesicht in Kot oder Urin drücken, wenn er einen Unfall hatte!

Wieder im Haus setzen Sie den Welpen in seine Flugbox und entfernen Sie die Pfütze mit einem Desinfektionsmittel, das auch den Geruch nimmt. Der Welpe sollte Sie dabei nicht beobachten. Danach lassen Sie ihn wieder im Familienbereich laufen und beaufsichtigen ihn noch genauer als vorher. Wahrscheinlich war sein Unfall dadurch begründet, daß Sie seine Signale nicht verstanden haben, oder zu lange gewartet haben, bis Sie ihm Gelegenheit gaben, sich zu lösen. Seien Sie niemals wütend auf Ihren

Welpen wegen solcher Unfälle.

Sorgen Sie dafür, daß Ihr Welpe lernt, daß der Gang nach draußen keine Aufforderung zum Spielen bedeutet, sondern daß er sich lösen soll. Wenn er es erst begriffen hat, wird er in der Lage sein, zwischen Spielzeiten drinnen und draußen und Lösezeiten genau zu unterscheiden. Helfen Sie ihm, einen regelmäßigen Zeitplan für sein Bedürfnis zu entwickeln, indem Sie seinen Tagesablauf möglichst gleichförmig halten. Ermutigen Sie ihn, sich allein zu beschäftigen während Sie sich Ihrem Haushalt widmen. Lassen Sie ihn lernen, daß es sehr angenehm ist, wenn Sie in seiner Nähe sind, aber daß es nicht Ihr Hauptlebenszweck ist, Ihre ungeteilte Aufmerksamkeit dem Hund zu widmen.

Jedesmal, wenn Sie Ihren Welpen in sein Körbchen bringen, sagen Sie zu ihm „Geh in's Körbchen" (oder welches Kommando Sie sonst gewählt haben). In kürzester Zeit wird er zu seinem Körbchen rennen, wenn er Sie diese Worte sagen hört. Am Anfang seiner Erziehung lassen Sie ihn nicht für längere Zeit aus den Augen, außer Nachts, wenn alle schlafen.

Während der Nachtstunden säugt die Mutterhündin zu Beginn auch alle zwei Stunde ihre Welpen. Im Laufe der Entwicklung verlängert sie die Abstände bis auf etwa vier Stunden. Dieses Schema hilft Ihnen, wenn Sie einen Anhaltspunkt für die Häufigkeit des nächtlichen Aufstehens mit dem Welpen suchen. Eine Grundvoraussetzung für nächtliche Stubenreinheit ist, daß die Bewegungsfreiheit um sein nächtliches Lager eingeschränkt ist, welches er nicht verunreinigen will. Je nach dem, wie tief Sie schlafen, können Sie sein Körbchen neben ihr Bett stellen – wenn Sie aufwachen, sobald er unruhig wird, ihn des Nachts in seiner Flugbox einsperren – wenn Sie ihn erst hören wenn er kratzt oder weint, oder ihn sogar mit in Ihr eigenes Bett nehmen – wenn Sie so tief schlafen, daß Sie ihn nur bemerken, wenn er bei seinem Versuch, sich von seinem Lager zu entfernen, über Ihren Körper läuft.

Im Normalfall wird ein Welpe, der abends etwa um 23.00 Uhr das letzte Mal in den Garten gebracht wurde, ungefähr bis 3.00 Uhr durchhalten. Wenn Sie hören, daß er unruhig wird, nehmen Sie ihn sofort auf den Arm, ziehen Sie Morgenmantel und Pantoffeln an – diese sollten Sie bereits am Abend griffbereit hingelegt haben – und tragen Sie ihn nach draußen. Sobald Ihr kleiner Boxer sich gelöst hat, nehmen Sie ihn wieder mit ins Schlafzimmer. Spielen Sie nicht mit ihm,

außer Sie wollen ihm regelmäßige nächtliche Spielstunden anerziehen und lassen Sie sich auch sonst auf keinerlei Aktivitäten ein. Wenn er wieder in seinem Körbchen ist, streicheln Sie ihn beruhigend, er wird bald wieder einschlafen.

Mit etwa 12 Wochen können Sie hoffen, daß Ihr Welpe nachts durchschläft. Freuen Sie sich darüber – denken Sie daran, wie lange Sie bei einem Baby brauchen, um dies zu erreichen. Wenn Sie jedoch zu den Menschen gehören, die selbst in der Nacht mehrmals aufstehen, sei es zu einem Gang ins Bade-

Männliche Boxer markieren ihr Territorium.

zimmer oder zu einem Besuch am Kühlschrank, müssen Sie damit rechnen, daß auch Ihr Welpe aufwacht. Wie schon vorher erwähnt, sobald er aufwacht, muß er auch nach draußen. Vergessen Sie nicht, ihn auch nachts jedesmal nach einem erfolgreichen Ausflug ausgiebig zu loben und benutzen Sie das antrainierte Schlüsselwort. Sie sehen, es ist gar nicht so schwierig, Ihren Boxer zur Stubenreinheit zu erziehen. Die wichtigsten Voraussetzungen sind Konsequenz, Regelmäßigkeit, Lob, Kontrolle und Überwachung. Wenn Sie diesen Grundregeln folgen, wird bei einem normalen

gesunden Welpen der Erfolg schnell eintreten, sodaß Sie und Ihr Boxer ein fröhliches und zufriedenes Leben miteinander führen können.

DIE ANWENUNG VON DISZIPLIN, LOB UND STRAFE

Disziplin, das heißt jemanden zu trainieren sich an Regeln zu halten, bringt Ordnung ins Leben. Nichts ist einfacher als das. Ohne Disziplin, vor allem in einer Gruppe, wird in kürzester Zeit das Chaos ausbrechen und die Gruppe eventuell auseinanderbrechen. Menschen und Hunde sind soziale Lebewesen und brauchen Disziplin, um zufriedenstellend miteinander umgehen zu können. Sie müssen Nahrung herbeischaffen, ihr Haus beschützen, für ihre Welpen sorgen und sich reproduzieren, damit die Art nicht ausstirbt.

Wenn es keine Disziplin im Leben sozialer Lebewesen gäbe, würden sie wahrscheinlich verhungern oder von anderen stärkeren Lebewesen gefressen werden.

Im Falle der domestizierten Caniden brauchen Hunde Disziplin in ihrem Leben, um ihre Rolle im Rudel kennen zu lernen (bei Ihnen und Ihren Familienmitgliedern), um zu wissen, wie sie sich verhalten müssen, damit das Rudel überleben kann.

Eine große menschliche Gemeinschaft in eng besiedelten Gebieten wurde über die Zufriedenheit der Hundehalter mit ihrer Beziehung zu ihren Hunden befragt. Die Menschen, die ihre Hunde erzogen hatten, waren zu 75 % mehr zufrieden mit ihren Haustieren als die, die niemals versucht hatten, ihre Hunde zu erziehen.

Dr. Edward Thorndike, ein Psychologe, erarbeitete Thorndikes Lerntheorie behauptet, daß ein Verhalten, auf das etwas Angenehmes folgt, die Tendenz zeigt, häufiger aufzutreten. Ein Verhalten, auf das etwas Unangenehmes folgt, zeigt die Tendenz, nicht wiederholt zu werden. Auf dieser Theorie basieren die heutigen Trainingsmethoden. Das heißt, wenn Sie Ihren Hund dazu bringen, ein bestimmtes Verhalten zu zeigen, und ihn dafür loben, daß er es tut, wird er es gern noch einmal tun, denn ihm gefiel das Endergebnis.

Gelegentlich ist auch Strafe, eine unangenehme Folge, die nach einem Verhalten auftritt, notwendig. Die beste Art von Strafe erfolgt durch die Sache selbst. Zum Beispiel: Wenn man einem Kind sagt, daß es nicht an den Ofen fassen sollte weil es sich verbrennen könnte, es nicht gehorcht und den Ofen anfaßt und es dann eine Verbrennung bekommt. Von diesem Zeitpunkt an wird es die Hitze des Ofens respektieren und Kontakt mit ihm vermeiden. Wie gesagt, ein Verhalten auf welches eine unangenehme Reaktion folgt, wird nicht wiederholt werden. Nach diesem Beispiel lernt auch der Hund der die Katze jagt. Etliche Male ist ihm gesagt worden, er soll die Katze in Ruhe lassen. Aber er läßt trotzdem keine Gelegenheit aus, sie zu ärgern. Eines Tages dann, als er wieder anfängt die Katze zu jagen, dreht die Katze sich um und schlägt mit ausgefahrenen Krallen nach dem Gesicht des Hundes. Er erhält einen schmerzhaften Kratzer auf der Nase und hört endlich auf, die Katze zu jagen.

Wußten Sie schon?

Der Welpe braucht regelmäßige Spiel- und Bewegungszeiten mit Ihnen oder einem Familienmitglied. Spazierengehen mit einem Welpen bedeutet, eine kurze Runde ums Haus oder um den Garten zu laufen. Beim Spielen können Sie einen großen Ball oder einen alten Strumpf mit einem Knoten in der Mitte benutzen (Welpen die zahnen, brauchen weiche Sachen, auf denen sie kauen können). Denken Sie daran, mit dem Welpen nicht lange im Wohnzimmer zu spielen, bevor er sich nicht ausgiebig draußen gelöst hat. Durch die Bewegung wird die Darmtätigkeit angeregt und der Welpe muß dann.

PRÄGUNGSSPIELTAGE
eine neue Methode zur Früherziehung von Welpen

Ein Prägungsspieltag ist ein Treffen von Welpen zur Weiterführung des Spiel-Lernens mit Gleichaltrigen und dem neuen Rudelführer Mensch. Es ist ein Ersatz für die viel zu früh verlassenen Geschwister, die im Wildrudel kaum vor einem Jahr getrennt würden. Um einen Welpen optimal in seine neue Familie einzugliedern ist es jedoch nötig, ihn möglichst jung, daß heißt, während der Sozialisierungsphase aus dem Hunderudel zu nehmen. Zu diesem Zeitpunkt ist sein innerartliches Verhalten jedoch noch keineswegs gefestigt, es bedarf weiterer regelmäßiger Übung im Spiel mit anderen Welpen.

Den Welpen in der lernfähigsten Zeit seines Lebens roh zu lassen, ist nach den heutigen kynologischen Erkenntnissen nicht mehr zu verantworten. Ein wichtiger Teil eines guten Prägungsspieltages ist aus diesem Grunde die Anleitung des Besitzers für eine frühzeitige Erziehung.

Zwischen der 3. und 12 Lebenswoche ist der Welpe in der Lage, alles was er wiederholt, erfahren und gelernt hat, prägungsähnlich in seinem Gedächtnis zu speichern. Die Grundlage der Erziehung muß daher zu diesem Zeitpunkt erfolgen. Die Wichtigkeit qualifizierter Anleitung ergibt sich jedoch ebenfalls aus dem Vorhergesagten, da auch die fehlgelaufenen Erfahrungen und Erlebnisse prägungsähnlich gelernt werden. Beim Prägungsspieltag werden die Lernschritte klein gehalten, unterschiedliche Reize angeboten und viele Spiele der Welpen untereinander, sowie auch mit dem menschlichen Rudelführer gefördert. Aus diesen Erlebnissen resultiert ein ständig wachsendes Selbstbewußtsein des Welpen und auch eine ständig wachsende Sicherheit des Welpenbesitzers im Umgang mit seinem Hund.

Prägungsspieltage werden von Hundevereinen über die Zeitung und häufig auch auf den Hundeübungsplätzen angeboten. Informieren Sie sich rechtzeitig, damit Sie nach dem Erwerb eines jungen Boxers baldmöglichst an einer solchen Gruppe teilnehmen können.

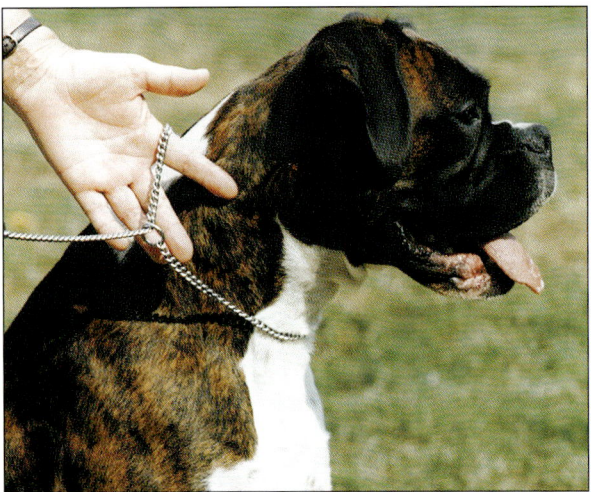

So ist ein Würgehals-band korrekt angelegt.

Leckerbissen

Nehmen Sie eine Tüte Leckerbissen mit, etwas Wohlschmeckendes und leicht zu Schluckendes funktioniert am besten. Benutzen Sie weiche Leckerbissen, ein Stückchen Käse oder etwas gekochtes Huhn ist besser als ein Stück Trockenfutter. In der Zeit, in der der Hund mit einem Hundekuchen beschäftigt wäre würde er vergessen, wofür er im Grunde gelobt wurde. Die Benutzung von Essensresten wird Ihren Hund nicht dazu verleiten, in Zukunft bei Tisch zu betteln. Der einzige Weg, einem Hund das Betteln bei Tisch beizubringen ist, ihn vom Tisch zu füttern. Bei der Ausbildung wird es Ihrem Hund erleichtert, Lob und neue Verhaltensweisen zu verknüpfen, die seinen Besitzer erfreuen, wenn Sie ihm solche Leckereien anbieten.

DIE AUSBILDUNG BEGINNT:

Stellen Sie Ihrem Hund eine Frage! Wenn Sie Ihrem Hund etwas beibringen wollen, müssen Sie zunächst seine Aufmerksamkeit erregen. Er kann nämlich nichts lernen, wenn er Sie nicht anschaut und mit seinen Gedanken woanders ist.

Um seine Aufmerksamkeit zu bekommen, fragen Sie ihn „Schule?", gehen danach sofort zu ihm um ihm ein Leckerchen zu geben und ihm zu sagen: „So ist es brav". Warten Sie eine Minute und wiederholen Sie dies diesesmal mit einem Leckerbissen in der Hand. Wenn Sie sich Ihrem Hund bis auf einen Meter genähert haben, gehen Sie nicht weiter, sondern bleiben Sie stehen und halten ihm das Leckerchen hin während Sie fragen „Schule?". Er wird sehen, daß Sie mit einem Leckerchen in der Hand kommen und

TRAININGSAUSRÜSTUNG
Halsband

Ein einfaches Lederhalsband genügt für die meisten Hunde. Wenn ein Hund sehr an der Leine zieht, kann evtl. ein Kettenwürgehalsband notwendig werden. Nur in den höchst seltenen Fällen eines Hundes, der völlig außer Kontrolle seines Besitzers ist, könnte evtl. ein Stachelhalsband benötigt werden. Aber nur in diesem Fall und nur wenn der Besitzer im korrekten Gebrauch von einem erfahrenen Trainer unterwiesen wurde. Das deutsche Tierschutzgesetzt verbietet den Gebrauch solcher Halsbänder.

Leine

Sie brauchen eine Leine von ein bis zwei Metern, möglichst aus Leder oder Nylon. Eine Kettenleine ist nicht zu empfehlen, viele Hundehalter finden, daß die Kette in ihre Hand einschneidet und das schnelle Durchziehen der Kette durch die Hand, wenn der noch „unerzogene" Hund fröhlich daran zieht, sehr schmerzhaft ist.

sicher anfangen, auf Sie zuzulaufen. Sobald er bei Ihnen ist, geben Sie ihm den Leckerbissen und loben Sie ihn wieder. Beim dritten Mal stellen Sie wieder die Frage. Sie haben ein Leckerchen in der Hand und gehen nur ein kurzes Stückchen auf den Hund

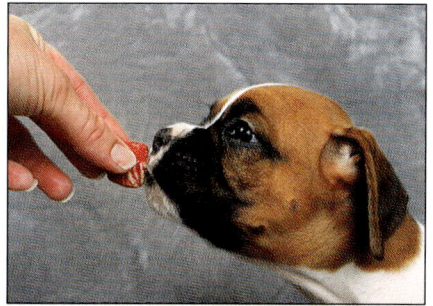

Achten Sie drauf!

Hunde verstehen unsere Sprache nicht. Sie können lernen, auf ein bestimmtes Geräusch in einer bestimmten Lautstärke zu reagieren. Wenn Sie „Nein Oliver" in einer sehr freundlichen angenehmen Art sagen, wird dies für ihn nicht dieselbe Bedeutung haben wie „Nein Oliver", wenn Sie so laut wie möglich schreien. Sie sollten niemals den Namen des Hundes während eines Tadels benutzen, nur das Kommando „Nein". Weil Hunde keine Wörter verstehen, wird im Zirkus häufig ein Wort benutzt, das für die Menschen eine andere Bedeutung hat als für den Hund, zum Beispiel wenn der Hund das Kommando „Sitz" bekommt, soll er sich hinstellen.

Leckerbissen als Belohnung sind ein gutes Hilfsmittel bei der Ausbildung des Boxers.

zu, damit er fast den ganzen Weg zu Ihnen kommen muß. Wenn er Sie erreicht hat, geben Sie ihm den Leckerbissen und loben Sie ihn wieder. So langsam wird es Ihrem Hund wahrscheinlich dämmern, wenn Sie ihm die Frage stellen und er zu Ihnen kommt, sind Leckerbissen und spaßige Aktivitäten die Folge für ihn. Mit anderen Worten, er lernt, daß „Schule" bedeutet, gemeinsam mit Ihnen etwas zu tun, das positive Beachtung und Leckerbissen für ihn zur Folge hat.

Erinnern Sie sich daran, daß der Hund Ihre Sprache nicht versteht. Er erkennt nur Laute wieder. Ihre Frage bemerkt er als eine Lautfolge, die ihm bekannt wird und diese Lautfolge wird für ihn das Signal, zu Ihnen zu gehen und aufmerksam zu sein. Macht er dies, werden Sie sich mit ihm beschäftigen, ihn loben und ihm Leckerbissen geben.

Das Kommando „Sitz" kann dem Boxer einfach beigebracht werden. Deshalb ist es gut, wenn Sie mit diesem Kommando beginnen.

DIE GRUNDLEGENDEN KOMMANDOS
„Sitz"

In dem Moment, in denen Sie die Aufmerksamkeit Ihres Hundes haben, nehmen Sie die Leine in die linke Hand und den Leckerbissen in die rechte. Halten Sie dem Hund den Leckerbissen vor die Nase und lassen Sie ihn daran schnuppern ohne ihm ihn jedoch zu geben. Sagen Sie „Sitz" und heben Sie langsam Ihre Hand mit dem Leckerchen von der Nase des Hundes hoch über seinen Kopf, so daß er an die Decke schaut. Wenn er seinen Kopf nach oben strecken will muß er seine Hinterbeine beugen, um die Balance zu halten. Wenn er seine Knie beugt nimmt er automatisch die gewünschte Sitzposition ein. In diesem Moment geben Sie ihm den Leckerbissen und loben ihn überschwenglich mit Ausdrücken wie: „Braver Hund, Brav Sitz". Denken Sie daran ihn immer enthusiastisch zu loben, da Hunde verbale Verstärkung von ihren Besitzern erkennen können und stolz auf sich sind, wenn sie etwas richtig gemacht haben.

Sie werden nicht für immer Futter brauchen um den Hund dazu zu bringen, Ihren Kommandos zu folgen. Futter wird nur gebraucht um dem Hund neue Kommandos beizubringen und wenn er erst mal begriffen hat was Sie meinen, wenn Sie ein spezielles Kommando geben. Verzichten Sie auf das Futter, aber behalten Sie das verbale Lob bei. Schließlich werden Sie Ihre Stimme ständig bei sich haben und es wird viele Gelegenheiten geben, bei denen Sie von Ihrem Hund erwarten, daß er gehorcht, obwohl Sie kein Futter in der Tasche haben.

„Platz"

Die „Platz"-Übung ist einfach, wenn Sie verstehen, wie der Hund sich hinlegt und sie ist schwierig, wenn Sie es nicht verstehen. Außerdem kann es vorkommen, wenn Sie die falsche Methode zum Lernen der Platzübung benutzen, daß Ihr Hund eine solche Angst vor dem Platz entwickelt, daß er entweder fortläuft, wenn Sie „Platz" sagen oder versucht, denjenigen der ihn in die „Platz"-Position zwingen will, zu beißen.

Lassen Sie den Hund eng an Ihrem linken Bein sitzen. Er soll in dieselbe Richtung schauen wie Sie. Nehmen Sie die Leine in die linke Hand und

Glauben Sie nicht, daß Sie jedesmal ein Leckerchen brauchen, wenn Ihr Hund gehorchen soll. Wenn Ihr Boxer es erst einmal begriffen hat, können Sie auch mit Nachdruck Sitz sagen und er wird gehorchen.

Wußten Sie schon?

Übung macht den Meister. Üben Sie jeden Tag mit Ihrem Hund mehrmals in kurzen Einheiten. Drei- oder viermal täglich für ein paar Minuten ist ideal. Dehnen Sie die Übungsstunden nicht zu lange aus, der Hund wird sich sonst langweilen.

Üben Sie niemals, wenn Sie müde, krank, traurig oder sonst in negativer Stimmung sind. Ihre Stimmung wird sich auf den Hund übertragen und somit einen schlechten Einfluß auf seine Leistung haben.

Seien Sie wohlgelaunt, drücken Sie sich präzise aus und schließen Sie die Lektion immer mit einer gelungenen Übung auf, da Sie viel Lob folgen lassen. Genießen Sie die Erziehung und bringen Sie Ihrem Hund bei, sie ebenfalls zu genießen.

Drei Fotos zeigen Schritt für Schritt die „Platz"-Übung. Sie müssen hierbei vorsichtig mit Ihrem Hund sein, da sonst der gewünschte Erfolg nicht eintritt.

einen Leckerbissen in die rechte. Nun legen Sie Ihre linke Hand leicht auf den Widerrist des Hundes. Dies ist die Stelle, wo sich die Schulterblätter über der Wirbelsäule treffen. Drücken Sie die Schultern des Hundes nicht nach unten, legen Sie Ihre linke Hand nur dorthin, so daß Sie Ihrem Hund hel-

Achten Sie drauf!

Ein aufgeregter Hund legt sich niemals hin. Er bleibt steif auf seinen Füßen stehen, weil alle seine Instinkte ihm sagen, daß es notwendig werden kann fortzulaufen, oder um sein Leben zu kämpfen. Aus diesem Grund wird ein Hund, der sich bedroht fühlt oder Angst hat, die „Platz"-Übung nicht ausführen. Daraus folgt, daß es wichtig ist, daß Ihr Hund ruhig und zufrieden ist wenn Sie anfangen, ihm „Platz" beizubringen.

„Sitz" und „Bleib".

fen können, sich dicht neben Ihr linkes Bein zu legen, anstatt sich von Ihrer Seite zu entfernen wenn er hinuntergeht. Nun halten Sie die Hand mit dem Leckerbissen vor die Nase des Hundes. Sagen Sie sehr leise (beinahe ein Flüstern) „Platz" und ziehen Sie langsam die Hand in Richtung der Vorderfüße des Hundes nach unten. Wenn

Wußten Sie schon?

Wenn Sie mit einem freundlichen gesunden Hund beginnen und ihm Zeit, Geduld und sorgfältig durchdachte Übungsstunden widmen, werden Sie den Erfolg dieser Lektionen sein ganzes Leben lang genießen. Sie beide werden unermeßliche Freude an der Gemeinschaft, die Sie miteindander aufgebaut haben, finden. Ihr Verhältnis ist geprägt von Liebe, Respekt und Verständnis. Viel Glück und Spaß dabei!

„Platz" und „Bleib".

Ihre Hand den Boden erreicht beginnen Sie, sie nach vorne zu bewegen, auf den Boden vor dem Hund. Sprechen Sie freundlich mit dem Hund, sagen Sie Sachen wie „Möchtest du dieses Leckerchen haben?", „Du kannst es kriegen, guter Hund". Ihre beruhigende Stimmlage wird dem Hund vermitteln, daß er ruhig bleiben soll und alles in Ordnung ist. So kann er sich darauf konzentrieren, Ihrer Hand zu folgen um das Leckerchen zu bekommen.

Wenn die Ellenbogen des Hundes den Boden berühren geben Sie ihm das Futter und loben Sie ihn sanft. Versuchen Sie, den Hund dazu zu bringen, die Platzposition für ein paar Sekunden beizubehalten bevor er sich wieder setzen darf. Das Ziel muß hier sein,

den Hund dazu zu bringen ruhig zu bleiben und sich in der Platzposition nicht zu fürchten.

„Bleib"

Es ist einfach, dem Hund beizubringen, in der „Sitz"- oder „Platz"-Position zu bleiben. Wieder benutzen wir Lob und Futter während des Lernprozesses, um dem Hund zu helfen, genau zu verstehen, welches Verhalten wir von ihm erwarten.

Um dem Hund „Sitz/Bleib" beizubringen, beginnen Sie mit dem sitzenden Hund an Ihrer linken Seite wie vorher und halten Sie die Leine in der linken Hand. Nehmen Sie einen Leckerbissen in die rechte Hand und halten Sie diesen vor die Nase des Hundes. Sagen Sie „Bleib" und drehen Sie sich auf Ihrem rechten Fuß, bis Sie direkt vor Ihrem Hund stehen. Zeh an

Zeh, während er an dem Leckerbissen lutscht und knabbert. Achten Sie darauf, daß er nach oben schaut während er die „Sitz"-Position beibehält. Zählen Sie bis fünf, dann drehen Sie sich wieder zurück, bis Sie wieder neben Ihrem Hund stehen; er an Ihrer linken Seite. Sobald Sie die Ausgangsposition wieder erreicht haben geben Sie ihm das Futter und loben ihn sehr.

Um ihm „Platz/Bleib" beizubringen führen Sie das „Platz" wie vorher beschrieben durch. Sobald der Hund sich gelegt hat sagen Sie „Bleib" und drehen sich auf Ihrem rechten Fuß wie beim „Sitz/Bleib". Zählen Sie bis fünf, dann kehren Sie zurück neben Ihren Hund, geben ihm das Leckerchen und loben ihn sehr.

Nach einer Woche oder zehn Tagen können Sie damit beginnen, etwas mehr Abstand zwischen sich und Ihren Hund zu legen, wenn Sie ihm „Bleib" befohlen haben. Hierbei benutzen sie die geöffnete linke Hand, mit der Handfläche Ihrem Hund zugekehrt, als „Bleib-Signal". Ungefähr so, wie ein Polizist das Handzeichen gibt um den Verkehr an einer Kreuzung zu stoppen. Halten Sie das Futter wie vorher in der rechten Hand, aber diesmal berührt es die Nase des Hundes nicht. Er wird die Futterhand beobachten und schnell lernen, daß er den Bissen bekommt, sobald Sie wieder an seiner Seite sind.

Wenn Sie eine halbe Minute einen Meter von Ihrem Hund entfernt stehen können, können Sie anfangen, Abstand und Zeit zu verlängern. Später können Sie Ihren Hund über einen längeren Zeitraum in der „Bleib"-Position belassen, bis Sie zu ihm zurück gehen oder ihn zu sich rufen. Loben Sie ihn immer sehr wenn er bleibt.

> ## Achten Sie drauf!
> Wenn Sie Ihren Hund rufen sagen Sie nicht „Komm", sagen Sie etwas wie „Roger, wo bist Du, schau mal, ob Du mich finden kannst, ich habe ein Leckerchen für dich". Behalten Sie diese Art freundlichen Rufens bei und wiederholen Sie die Frage „Wo bist du". Der Hund wird lernen, dem Geräusch Ihrer Stimme zu folgen und sich seine Belohnung abholen.

„Komm"

Wenn Sie die „Komm"-Übung zu einem freudigen Erlebnis für Ihren Hund machen, werden Sie niemals einen Schüler haben, der dieses Spiel nicht liebt oder der, wenn er gerufen wird, nicht kommt. Das Geheimnis ist anscheinend, ihm niemals das Wort „Komm" beizubringen. In den Momenten, in denen ein Besitzer am dringendsten will, daß sein Hund kommt, wenn er ihn ruft, ist der Besitzer am meisten aufgeregt oder ängstlich und teilt diese Gefühle durch seinen Tonfall dem Hund mit, wenn er ihn ruft. Der Hund hört die Verzweiflung in der Stimme seines Herrn, fürchtet sich zu ihm zu gehen und wird deshalb entweder nicht gehorchen oder in die

Es ist sehr wichtig, daß Ihr Hund auf Ihr Rufen sofort kommt.

101

entgegengesetzte Richtung weglaufen. Das Geheimnis ist also, dem Hund ein Spiel beizubringen und wenn Sie wollen, daß Ihr Boxer zu Ihnen kommt, einfach das Spiel zu spielen. Dies ist eine praktisch niemals versagende Lösung. Am Anfang geben Sie mehreren Mitgliedern Ihrer Familie ein paar Leckerchen in die Hand. Jeder soll sich in einem anderen Raum des Hauses verstecken. Rufen Sie abwechselnd den Hund und jeder Mensch soll den Hund, der ihn gefunden hat, fröhlich loben und füttern. Wenn ein Mensch

Viele Hunde reagieren besser auf ihren Namen und eine kurze Frage wie „Wo bist du?"

den Hund ruft, lädt er den Hund dazu ein, ihn zu finden und ein Leckerchen für seinen Erfolg zu erringen.

Wenn Sie das „Wo bist du"-Spiel ein paarmal gespielt haben wird Ihr Hund gelernt haben, daß jeder dieses Spiel spielt und alle Personen ihn sehr ermuntern und seinen Erfolg bei seiner Suche erwarten. Wenn er das Spiel erst einmal richtig liebt, brauchen Sie nur noch zu rufen „Wo bist du", damit er sofort angerannt kommt, um dieser wichtigen Frage nachzugehen.

Der Befehl „Komm" wird als eines der wichtigsten Kommandos angesehen, die ein Hund können muß. Es ist interessant zu wissen, daß viele Ausbilder,

die mit hunderten von Hunden arbeiten, niemals das eigentliche Wort „Komm" benutzen. Alle diese Hunde werden sich beeilen einer Person zu folgen, die den Namen des Hundes, gefolgt von „Wo bist du" ausrufen.

In einem Fall zum Beispiel, hat eine Frau einen zwölf Jahre alten Begleithund, der blind wurde, aber immer seine Besitzerin findet, wenn er gefragt wird „Wo bist du?".

Kinder lieben es im übrigen, dieses Spiel mit ihren Hunden zu spielen. Kinder können sich besser verstecken. In einer Dusche oder Badewanne, hinter einem Bett oder unter einem Tisch. Der Hund muß sich mehr anstrengen um diese Verstecke zu finden. Aber wenn er sie hat, freut er sich um so mehr, seinen Erfolg mit einem Leckerbissen und einer Umarmung von seinem Lieblingskind zu feiern.

„Bei-Fuß"

„Bei-Fuß"-gehen bedeutet, daß der Hund neben seinem Besitzer läuft, ohne zu ziehen. Es braucht Zeit und Geduld seitens des Besitzers um dem Hund beizubringen, daß er (der Besitzer) nicht weitergehen wird, bevor der Hund nicht ruhig neben ihm läuft. An der Leine vorauszuziehen ist absolut unakzeptabel.

Fangen Sie mit der Leine in Ihrer linken Hand an, während der Hund neben Ihrem linken Bein sitzt. Halten Sie die Schlaufe am Ende der Leine in Ihrer rechten Hand, aber halten Sie ihre linke Hand kurz an der Leine, dann können Sie auf diese Art Ihren Hund dicht bei sich halten. Nun sagen Sie „Fuß" und gehen mit Ihrem linken Fuß. Halten Sie den Hund dicht bei sich und machen Sie drei Schrit-

Wußten Sie schon?

Wenn Sie beginnen, den Hund leinenführig zu machen, sollten Sie darauf achten, daß er nicht an der Leine zieht. Er wird dies sonst als die richtige Art des Spazierengehens mißverstehen.
Wenn Sie ihn an der Leine zurückreißen, um sein Ziehen zu unterbinden, lernt er, daß der Ruck ein Zeichen dafür ist, daß er noch heftiger ziehen soll.

te. Bleiben Sie stehen und lassen Sie den Hund neben sich in „Fuß"-Position setzen. Loben Sie ihn verbal aber fassen Sie den Hund nicht an. Warten Sie einen Augenblick und beginnen Sie noch einmal mit „Fuß", drei Schritten und anhalten, worauf der Hund sich wieder setzen soll. Ihr Ziel ist hier, den Hund dazu zu bringen, die drei Schritte zu gehen, ohne an der Leine zu ziehen. Wenn er drei Schritte ruhig neben Ihnen läuft, ohne zu ziehen, versuchen Sie es mit fünf Schritten. Wenn er fünf Schritte ordentlich neben Ihnen läuft können Sie die Länge bis auf zehn Schritte erhöhen. Steigern Sie langsam die Länge Ihrer Wege, bis der Hund ruhig ohne zu ziehen neben Ihnen läuft, solange Sie ihn „Bei-Fuß" wollen. Wenn Sie ihn frei springen lassen, zeigen Sie dem Hund, daß die Übung zu Ende ist, indem Sie ihn loben, streicheln und ihm sagen „Okay, guter Hund". Das „Okay" verwenden Sie als Zeichen, daß die Übung zu Ende ist und Ihr Hund sich frei bewegen darf.
Wenn Ihr Hund darauf besteht, Sie herumzuzerren, ziehen Sie einfach die Bremse an und bleiben Sie an einem Fleck stehen, solange, bis Ihr Hund einsieht, daß keiner von Ihnen beiden

irgendwohin geht, bevor er nicht neben Ihnen ist und sich Ihrer Geschwindigkeit anpaßt, nicht umgekehrt. Es kann einige Zeit dauern, einfach nur dazustehen um den Hund zu überzeugen, daß Sie der Führer sind und somit derjenige, der Geschwindigkeit und Richtung Ihres Ausflugs angibt. Jedesmal, wenn der Hund Sie anschaut oder so langsam wird, daß die Leine zwischen Ihnen durchhängt, loben Sie ihn ruhig und sagen zu ihm „Guter Hund, gut Fuß". Schließlich wird der Hund zu reagieren beginnen und in ein paar Tagen wird er ordentlich neben Ihnen laufen, ohne an der Leine zu zerren. Zu Anfang sollten die Trainingseinheiten kurz und sehr positiv gehalten werden. Bald wird Ihr Hund in der Lage sein, sehr schön mit Ihnen immer größere Entfernungen zu laufen. Den-

Es gibt nichts Schlimmeres als zu beobachten, wie ein Boxer seinen Besitzer die Straße entlang zieht, weil er niemals gelernt hat, „Bei-Fuß" zu gehen.

ken Sie auch daran, dem Hund Freizeit und die Gelegenheit zum Rennen und Spielen zu geben, wenn Sie mit der „Fuß"-Übung fertig sind.

ABGEWÖHNEN DES FUTTERTRAININGS

Futter wird gebraucht, wenn Sie einem Hund neue Verhaltensweisen beibringen wollen. Wenn Ihr Boxer einmal verstanden hat, welches Verhalten mit einem speziellen Kommando einhergeht, ist es an der Zeit, ihm die Leckerchen abzugewöhnen. Zuerst geben Sie nach jeder Übung eine Belohnung. Dann beginnen Sie, nur noch nach jeder zweiten Übung eine Belohnung zu geben. Wechseln Sie die Gelegenheiten bei denen Sie Futter geben mit denen, wo Sie Ihren Hund nur loben ab, damit Ihr Hund niemals genau weiß, ob er beides bekommt, Lob und Futter, oder ob es diesmal nur Lob sein wird. Dies nennt man variierendes „Belohnungs-Sys-

tem" und es hat sich als erfolgreich erwiesen, weil es jedesmal wieder die Chance gibt, daß der Besitzer ein Leckerchen gibt, damit der Hund niemals aufhört, sich darum zu bemühen. Wie auch immer, vergessen Sie bei keiner Gelegenheit das Lob.

BEGLEITHUND-PRÜFUNGEN

Wie vorher schon gesagt ist es nicht schlecht, an einer Begleithundeausbildung teilzunehmen, wenn in Ihrer Gegend eine angeboten wird. In vielen Gegenden gibt es Hundevereine, die Grundgehorsamstraining ebenso anbieten wie Vorbereitungsklassen für Gehorsamswettkämpfe. Es gibt auch örtliche Hundeausbilder, die verschiedene Möglichkeiten anbieten.

Bei Gehorsamswettkämpfen können Hunde in verschiedenen Ausbildungsstufen Titel erringen. Die Grundausbildung enthält Grundkommandos wie „Sitz", „Platz", „Fuß" usw.. Die fortgeschritteneren Prüfungsordnungen enthalten Springen, Apportieren, Fährtensuche und Gehorsam auf Zeichen. Für die Fortgeschrittenenprüfungen müssen Hund und Besitzer viel Zeit und Anstrengung in ihr Training investieren. Die Titel, die hierbei jedoch errungen werden können, sind sehr eindrucksvoll.

ANDERE AUSBILDUNGSMÖGLICHKEITEN

Wenn ein Hund in der Umgebung eines Hundeplatzes oder allein mit seinem Besitzer zu Hause übt, gibt es viele Möglichkeiten, die Spaß und Nutzen für Herrn und Hund bringen können, sobald das Grundprinzip erst einmal geklärt ist.

Wenn Sie Ihrem Hund beibringen im

Wußten Sie schon?

Wenn Sie ein erfahrener Hundeführer sind, können Sie die Grunderziehung Ihres Boxers problemlos alleine zu Hause bewerkstelligen. Als Anfänger jedoch brauchen Sie die Anleitung eines erfahrenen Ausbildungswartes und sollten deshalb an den Übungsstunden einer Boxer-Club-Ortsgruppe teilnehmen. Es ist leicht, einem Hund fehlerhaftes Verhalten beizubringen. Das Abgewöhnen eines solchen Fehlers erfordert jedoch viel Geschick und einen hohen Zeitaufwand, so daß Sie nach Möglichkeit von Anfang an vermeiden sollten, bei der Ausbildung Ihres Hundes Fehler zu machen.

Haus, im Garten oder auf dem Bauernhof bei der Arbeit zu helfen, bringt das große Befriedigung für Hund und Besitzer. Außerdem macht die Hilfe des Hundes das Leben für seinen Besitzer ein bißchen leichter und erhöht den Status des Hundes als geschätztes Familienmitglied. Es tut dem Hund gut, eine Aufgabe zu haben. Dadurch wird sein Geist beschäftigt und sein Körper findet ein Ventil für seine überschüssige Energie.

Bergwandern ist eine gesunde Übung, die dem Hund allein vom seinem Besitzer beigebracht werden kann. Die Bewegung durch Laufen und Klettern ist gut für Mensch und Hund und die Bindung, die sich zwischen ihnen bildet ist unbezahlbar.

Wenn Sie Lust haben mit Ihrem Boxer an regelrechten Wettkämpfen teilzunehmen, gibt es andere Sportarten der Ausbildung, die Sie mit Ihrem Hund erlernen können. Agillity ist ein populärer und spaßiger Sport, bei dem Hunde durch einen festgelegten Parcour laufen, der verschiedene Wippen, Tunnel und andere Geräte enthält, um die Schnelligkeit und Koordination des Hundes zu prüfen. Die Besitzer laufen meist mit ihren Hunden durch den Parcour um Kommandos zu geben und sie durch die Hindernisse zu leiten. Obwohl es sich um einen Wettkampf handelt liegt die Betonung auf Spaß, es macht Spaß teilzunehmen oder zuzuschauen und es ist eine großartige Möglichkeit, Ihrem Hund Bewegung zu verschaffen.

Boxer sind sehr intelligente Hunde. Wenn sie korrekt ausgebildet werden, können Sie viele Formen von Hundesportarten erfolgreich durchführen.

Als Besitzer eines Boxers haben Sie auch die Möglichkeit, an einer Schutzhundeausbildung teilzunehmen. Schutzhundeausbildung diente ursprünglich dazu, die bestveranlagten Boxer, als Zuchtbasis herauszufinden. Schutzhundesport wird jetzt als Weg benutzt, die Arbeitseigenschaften und das Wesen des Hundes zu überprüfen und manche Boxerbesitzer bilden Ihren Hund als Schutzhund aus und nehmen mit ihm an Prüfungen teil. Es gibt drei Ausbildungsstufen, SchH 1, SchH2 und SchH3. Jede Stufe ist ein bißchen schwieriger in den Anforderungen. Jede Prüfung enthält Fährtenarbeit, Unterordnung und Schutzdienst. Die Schutzhunde-Ausbildung ist sehr aufwendig und muß konsequent durchgeführt werden, um das Nieveau des Hundes zu halten. Die Erfahrung vom gemeinsamen Schutzhunde-Sport ist sehr befriedigend für Hund und Herrn und die Fähigkeiten des Boxers sind ideal für diese Art der Ausbildung.

Die Gesundheit
Ihres Boxers

Da Hunde wie die Menschen Säugetiere sind, leiden sie häufig unter den gleichen physischen Krankheiten wie wir. Sie können sogar etliche psychische Probleme mit uns gemeinsam haben. Weil die meisten Menschen mehr über menschliche Erkrankungen als über tierische Leiden wissen, benutzen wir in diesem Kapitel viele Ausdrücke, die allgemein gebräuchlich sind aber nicht unbedingt denen entsprechen, die der Tierarzt benutzen würde. Wir gebrauchen beispielsweise noch den Ausdruck Röntgenaufnahme anstatt des modernen Begriffs Radiographie. Wir werden auch den Ausdruck Symptome benutzen, obwohl Hunde keine Symptome haben, sondern klinische Anzeichen.

Symptome sind nämlich die verbale Beschreibung dessen, was der Patient fühlt. Weil Hunde nicht sprechen können, müssen wir nach klinischen Anzeichen suchen. Trotzdem werden wir auch weiterhin den Begriff Symptome in diesem Buch verwenden.

Als generelle Regel sieht man an, daß Medizin AUSGEÜBT wird. Dieser Ausdruck ist nicht fehl am Platze. Medizin ist eine Kunst. Sie ist einem ständigen Wandel unterzogen, da wir immer mehr über Genetik wissen, elektronische Hilfen wie Computer-Tomographie verwenden und von Meinungen anderer Tierärzte lernen. Es gibt viele Hundekrankheiten, wie zum Beispiel Hüftgelenksdysplasie, die nicht überall auf dieselbe Art und

Weise behandelt werden. Manche Tierärzte entscheiden sich häufiger für Operationen als andere.

WAHL DES TIERARZTES
Ihre Auswahl eines Tierarztes sollte sich nicht allein nach seiner Persönlichkeit (wie es meist gehandhabt wird), sondern auch nach seiner Erreichbarkeit von Ihrem Wohnort aus richten. Sie brauchen einen Arzt der für einen Notfall in der Nähe ist, oder wenn mehrere Besuche für eine Behandlung nötig sind. Sie wollen einen Tierarzt, der auch einen gewissen Service anbietet, wie die Vermittlung von Pflegeplätzen oder Aufzuchtstellen bei übergroßen Würfen und der einen guten Ruf in Bezug auf seine Fähigkeiten und seine Verantwortung hat. Es gibt nichts fustrierenderes als stunden- oder tagelang auf den Rückruf eines Tierarztes warten zu müssen.
Alle Tierärzte müssen von der Tierärztekammer zugelassen sein. Es gibt jedoch viele tierärztliche Spezialgebiete, die gewöhnlich eine längere Studienzeit und Hospitanten-Tätigkeit erfordern. Es gibt Spezialisten für Herzprobleme (Kardiologen), Hautprobleme (Dermatologen) und Fachärzte für viele weitere Spezialgebiete wie für Röntgenaufnahmen (Radiologen) und Tierärzte, deren Spezialgebiet bei den Muskeln, Knochen und anderen Organen liegt. Die meisten Tierärzte machen Routineoperationen wie Kastration, Wundennähen usw. in ihrer eigenen Praxis. Wenn Ihr Hund eine schwere Krankheit hat, ist es nicht unüblich und auch nicht verkehrt, eine zweite medizinische Meinung einzuholen. Sie werden evtl. auch die Preise verschiedener Tierärz-

te miteinander vergleichen wollen. Tierkliniken und Spezialbehandlungen können sehr teuer sein. Schämen Sie sich nicht, diese Kosten mit Ihrem Tierarzt oder seinen Angestellten zu besprechen. Vielleicht gibt es eine preisgünstigere Lösung. Wenn Sie sich einmal dafür entschieden haben, einen jungen Boxer in Ihre Familie aufzunehmen, sind Sie auch für seine Gesundheit verantwortlich. Nicht nur das deutsche Tierschutzgesetz bestimmt, daß Sie dem Hund bei Schmerzen oder Erkrankungen Hilfe zukommen lassen müssen, Sie haben auch die moralische Verpflichtung für die Gesundheit Ihres Hundes zu sor-

Ihr Tierarzt kann leicht der WERT-VOLLSTE Freund Ihres Hundes sein. Wählen Sie ihn deshalb sorgfältig aus.

gen, wie Sie es ja auch für Ihr Kind tun würden.

VORSORGE
Es ist viel einfacher, wesentlich preisgünstiger und effektiver, Vorsorge zu treffen, als einen Kampf gegen schwere Erkrankungen zu führen.
Korrekt gezüchtete Welpen kommen von Eltern, die auf genetische Erkrankungen untersucht wurden. Ihre Mütter sollten geimpft sein, frei von allen inneren und äußeren Parasiten und gut ernährt. Aus diesem Grund ist ein

Besuch bei dem Tierarzt, der sich um die Mutterhündin kümmerte, ange- sagt. Die Mutterhündin kann ihre eige- nen Abwehrkräfte an die Welpen wei- tergeben. Diese nateralen Antikörper halten gewöhnlich bis zur achten oder zehnten Lebenswoche vor. Sie kann jedoch auch Parasiten und viele Infek- tionen an ihre Welpen weitergeben. Dies ist der Grund, warum Sie den Tierarzt aufsuchen sollten, bei dem die Mutterhündin behandelt wurde.

VOM ABSETZEN
BIS ZUM FÜNFTEN MONAT
Welpen sollten mit ungefähr acht Wochen von ihrer Mutter abgesetzt werden. Ein Welpe, der mindestens acht Wochen bei seinerr Mutter und seinen Wurfgeschwistern bleibt, arran-

giert sich später meist besser mit ande- ren Hunden und fremden Menschen. In jedem Fall sollten Sie Ihren neu gekauften Welpen umgehend einem Tierarzt vorstellen. Impfprogramme beginnen gewöhnlich, wenn der Wel- pe noch sehr jung ist.
Die Zähne des Welpen müssen unter- sucht werden, seine Knochen durch- gecheckt und ein Blick auf seine all- gemeine Gesundheit sollte vom Tier- arzt auch geworfen werden. Manche haben Probleme mit ihren Knie- scheiben, mit jugendlichem Grauen Star und anderen Augenproblemen, Herzgeräuschen und nicht abgesun- kene Hoden. Sie können auch We- sensprobleme haben und ihr Tierarzt ist möglicherweise in der Lage, Ihnen eine Gruppe für Prägungsspieltage zu nennen.

Impfschema
Die meisten Impfungen werden ge- spritzt und dürfen nur vom Tierarzt gegeben werden. Sie bekommen einen internationalen Impfpaß, in dem das Impfdatum, der Impfstoff und die Chargenbezeichnung des verwende- ten Impfstoffs, mit Unterschrift des Tierarztes bescheinigt werden. Über das Impfschema gibt es viele ver- schiedene Ansichten. Einige neuere Impfstoff-Sorten impfen die sechs bis

Vorsorgeuntersuchungen und Impfschema

ALTER IN WOCHEN:	3	6	8	10	12	14	16	20-24
Entwurmung	✔	✔	✔	✔	✔	✔	✔	✔
Parvorirose		✔		✔		✔		
Staupe			✔		✔		✔	
Hepatitis			✔		✔		✔	
Leptospirose			✔		✔		✔	
Parainfluenza			✔		✔			
Zahnuntersuchung			✔		✔			
Grunduntersuchung			✔					✔
Zwingerhusten					✔			
Tollwut			✔		✔		✔	

Impfungen sind nicht sofort effektiv. Das Immunsystem des Hundes benötigt etwa zwei Wochen zur Entwicklung von Antikörpern. Die meisten Impfungen erfordern Nachimpfungen, die in jährlichen Abständen oder auch nur alle zwei Jahre fällig werden. Ihr Tierarzt wird die Impfintervalle festlegen und überwachen.

acht häufigsten Infektionskrankheiten auf einen Schlag. Da jedoch der Welpe für jede einzelne dieser Krankheiten Antikörper ausbilden muß, wird diese Art der Grundimmunisierung häufig als zu belastend für den jungen Hund angesehen. Eine gut erprobte Möglichkeit stellt folgendes Impfschema dar:

Mit sechs Wochen läßt der Züchter seine Welpen erstmalig gegen Parvovirose und Staupe impfen, um die Möglichkeit einer Infektion für den Fall auszuschließen, daß die Menge der mütterlichen Antikörper bereits erheblich zurückgegangen ist. Mit der Abgabe der Welpen müssen diese laut Vorschrift des VdH gegen Parvovirose, Staupe, Leptospirose und Hepati-

Achten Sie drauf!
Die Sorge für den Welpen beginnt bevor er geboren ist mit der Pflege und guten Ernährung der Mutterhündin. Wenn der Welpe ungefähr drei Wochen alt ist, wird er das erste Mal entwurmt. Die meisten Welpen haben Würmer, auch wenn in einer Kotprobe evtl. keine nachgewiesen werden können. Bei diesen Kotuntersuchungen kontrolliert der Tierarzt den Stuhlgang der Welpen auf Wurmeier. Die Würmer scheiden ständig Eier aus, außer in ihrer „Schlafphase", wenn sie nur im Gewebe des Welpen liegen. In diesem Stadium scheiden sie keine Eier aus und sind auch für Wurmkuren nicht zu erreichen.

tis geimpft sein. Diese Impfung sollte ein paar Tage vor der Abgabe stattfinden, damit der Abgabestreß nicht die Bildung der erwünschten Antikörper behindert. Vier Wochen später kann der Welpenbesitzer den zweiten Teil der Grundimmunisierung durchführen lassen. Hierbei sollte dann auch gegen Tollwut geimpft werden. Dies ist besonders wichtig, wenn Sie mit Ihrem Welpen in ländlichen Gebieten oder am Stadtrand wohnen, da die Gefahr des Zusammentreffens mit einem tollwütigen Wildtier dort nie ausgeschlossen werden kann. Außerdem ist die Vorlage des Impfausweises mit einer gültigen Tollwut-Schutzimpfung Voraussetzung für die Teilnahme an vielen Veranstaltungen und für Grenzüberquerungen mit Ihrem Hund. Einmal im Jahr wird die

Impfung wiederholt. Auch die Wiederholungs-Impfungen müssen im Impfpaß vermerkt werden, damit ggfs. die Impfung und ihr Datum nachgewiesen werden können. Der

Wußten Sie schon?

Nach dem vollständigen Zahnwechsel sollten Sie Ihren Boxer einem Tierarzt vorstellen damit dieser kontrolliert, ob alle bleibenden Zähne durchgebrochen sind und korrekt stehen. Bereits zu diesem Zeitpunkt sollten Sie damit beginnen, Ihrem Boxer regelmäßig harte Kauknochen, Büffelhautknochen und die besonderen Enzymknochen zur Zahnreinigung anzubieten. Zahnstein tritt im höheren Alter bei fast allen Hunden auf, in der Jugend vorwiegend bei kleineren Hunderassen. Die Entstehung von Zahnstein hängt unter Anderem von der Zusammensetzung des Speichels ab. Sie können diese sowohl durch die Ernährung beeinflussen als auch die Zahnhygiene durch die Fütterung von besonderen harten Kauknochen fördern. Zahnstein tritt hauptsächlich an der Außenseite, weniger an der Innenseite der Zähne auf. Längeres Bestehen von Zahnstein ist die Hauptursache für Parodontose und das Lockerwerden von Zähnen. Parodontose ist eine Entzündung des hochgeschobenen Zahnfleisches und der Wurzelhaut. Die Zahnsteinbeläge werden hierbei so massiv, daß sie die Zahnfleischränder von Zahn abheben, wodurch sich Bakterien darunter festsetzen können. Im Laufe der Zeit weicht das Zahnfleisch mehr und mehr zurück, die Zähne lockern sich, im Zahnfach bildet sich Eiter und ein Zahnwurzel-Granulom. Hierdurch können schwere Mundentzündungen entstehen.

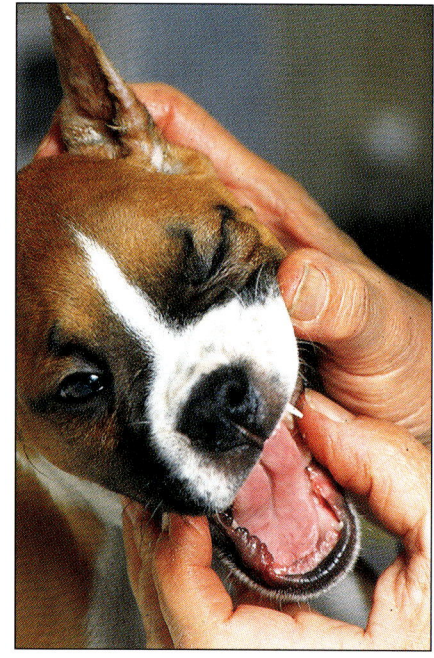

Sie sollten den Gaumen und die Zähne Ihres Hundes regelmäßig untersuchen. Verlassen Sie sich auf die Anweisungen Ihres Tierarztes bezüglich der Zahnpflege. Wenn Ihr Hund Mundgeruch hat deutet dies häufig auf ein Zahnproblem hin.

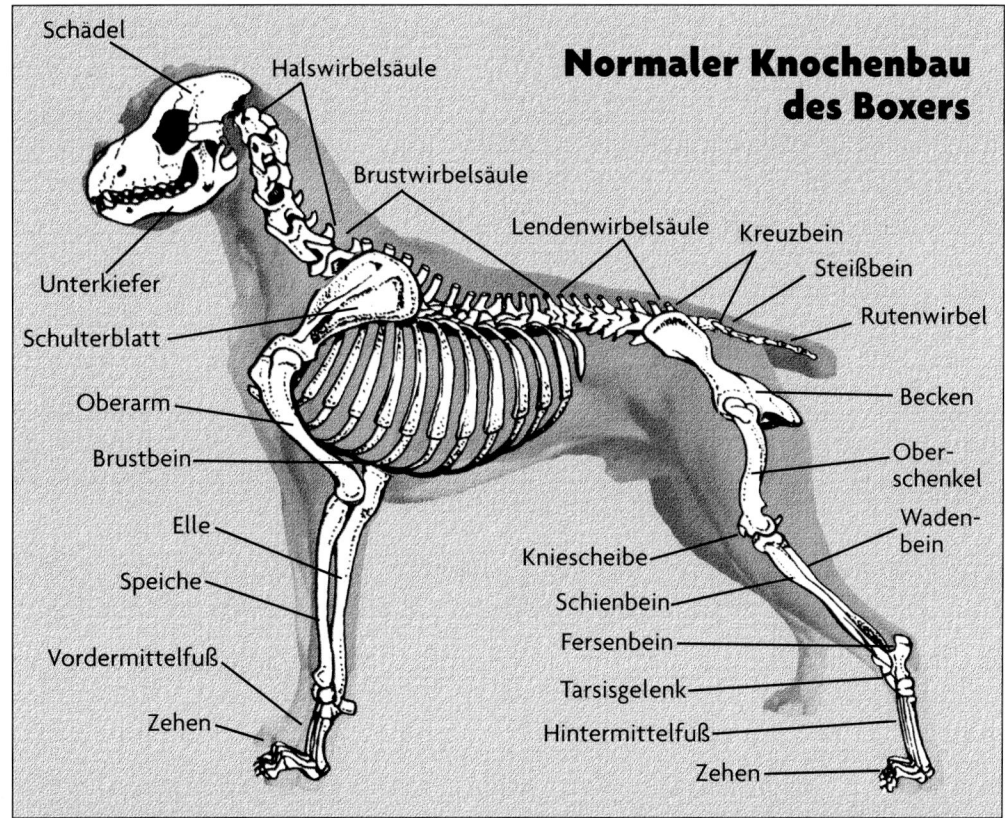

Normaler Knochenbau des Boxers

Schädel · Halswirbelsäule · Brustwirbelsäule · Lendenwirbelsäule · Kreuzbein · Steißbein · Rutenwirbel · Becken · Oberschenkel · Wadenbein · Unterkiefer · Schulterblatt · Oberarm · Brustbein · Elle · Speiche · Vordermittelfuß · Zehen · Kniescheibe · Schienbein · Fersenbein · Tarsisgelenk · Hintermittelfuß · Zehen

Impfpaß ist etwas ähnliches wie der Personalausweis des Hundes, er braucht ihn bei vielen Gelegenheiten. Sie müssen ihn deshalb sehr sorgfältig aufbewahren.

IM ALTER VON FÜNF BIS ZWÖLF MONATEN
Wenn Ihr Welpe fünf Monate alt ist, ist sein komplettes Impfprogramm längst abgeschlossen. Im Zuge der Routineuntersuchung kann eine bereits beginnende schwere Hüftgelenksdysplasie, wie auch andere Gelenkerkrankungen festgestellt werden. Mit fünf Monaten sollte Ihr Welpe nochmals entwurmt werden. Viele Leute geben vor dem Entwurmen eine Kotprobe beim Tierarzt ab, die aus mehreren Kothaufen Ihres Welpen zusammengemischt sein sollte. Wurmmittel vergiften Würmer, daraus ergibt sich die logische Folge, daß sie auch für die Welpen nicht eben gesund sein können. Es ist daher sinnvoll, genau festzustellen, von welchen Würmern Ihr Hund evtl. befallen ist, um gezielt dagegen vorgehen zu können.

Wenn Ihr Boxer sieben oder acht Monate alt ist, kann er ernsthaft auf seine Annäherung an den Standard

Ein Hund, der anstrengende Übungen vollbringen soll, muß in guter physischer Kondition sein.

geprüft werden. Auf diese Art wird seine Eignung als Zuchthund wie auch seine Ausstellungschance abgeschätzt. In Amerika ist es üblich, einen Hund, der nicht unbedingt für die Zucht geeignet ist, in diesem Alter kastrieren zu lassen. Von dieser Praktik ist jedoch abzuraten, da die psychische Entwicklung des Hundes zu diesem Zeitpunkt noch keineswegs abgeschlossen ist. Sie wollen doch

Krankheit	Art	Ursache	Symptome
Leptospirose	schwere Krankheit, die die inneren Organe angreift; kann auf Menschen übertragen werden.	Bakterien, die häufig von Nagetieren verbreitet werden und sich durch die Schleimhäute im Körper verbreiten.	Fieber, Erbrechen und Appetitverlust, in weniger schweren Fällen; bis zu Schock, unheilbarem Nierenversagen und möglicherweise Tod in besonders schweren Fällen.
Tollwut	potentiell tötliches Virus, das für warmblütige Säugetiere infektiös ist. Kommt in England nicht vor.	ein Virus der oft von Nagetieren übertragen wird, ebenfalls durch die Schleimhäute eindringt und sich schnell im ganzen Körper verteilt.	1. Stadium – Verhaltensänderung, Angst 2. Stadium – gesteigerte Aggressivität 3. Stadium – Koordinationsverlust und Verlust der Kontrolle über die Körperfunktionen.
Parvovirose	hochansteckendes Virus, potentiell tötlich	Aufnahme des Virus, das vor allem durch den Kot infizierter Hunde verbreitet wird.	im allgemeinen schwere Durchfälle, Erbrechen, Müdigkeit, Appetitlosigkeit
Zwingerhusten	ansteckende Atemwegsinfektion	Kombination von Bakterien und Viren. Häufig kommen Bordetella bronchiseptica und das Parainfluenzavirus vor.	chronischer Husten.
Staupe	Krankheit, die hauptsächlich das Atemwegs- und Nervensystem angreift.	ein Virus, das mit dem menschlichen Masernvirus verwandt ist.	leichte Symptome wie Fieber, Appetitlosigkeit und Schleimausscheidung steigern sich bis zu Ausfällen des Gehirns hin. „Hard Pad" ist ebenfalls ein durch Staupe ausgelöstes Krankheitsbild.
Hepatitis	ein Virus, das hauptsächlich die Leber angreift.	ein Caninus adenovirus Typ 1 (CAV 1). Wird durch Einatmen aufgenommen.	schwächere Symptome sind beispielsweise Durchfall und Erbrechen, schwerere Symptome sind unter anderem Virusklumpen in den Augen.
Coronavirus	ein Virus, das Verdauungsprobleme hervorruft.	Virus wird durch den Kot infizierter Hunde verbreitet.	Magenverstimmung, gekennzeichnet durch Appetitverlust, Erbrechen und Durchfall.

nicht Ihr Leben mit einem ewig kindischen Hund verbringen! Die Kastration aus anderen als medizinischen Gründen verbietet außerdem das 1998 überarbeitete Tierschutzgesetz.

In diesem Alter werden auch die Blutuntersuchungen zur Festellung eines etwaigen Herzwurmbefalls duchgeführt. Bis vor einiger Zeit hieß es, daß Herzwurmbefall in Deutschland nicht vorkäme, dies scheint sich jedoch durch die immer häufigeren Importe von ausländischen Hunden, sei es als Zuchttiere oder seien es Reisemitbringsel aus südlichen Ländern, in der letzten Zeit geändert zu haben.

HUNDE ÜBER EINEM JAHR

Suchen Sie Ihren Tierarzt mindestens einmal im Jahr auf. Vor der jährlichen Nachimpfung sollte Ihr Hund entwurmt und untersucht werden, denn nur ein gesunder Hund kann Impfschutz ausbilden. Es gibt keine Krankheit, die einfach „das Alter" heißt, aber die Körperfunktionen verändern sich im Laufe der Zeit und Augen und Ohren funktionieren nicht mehr so gut. Das Gleiche gilt für die Arbeit der inneren Organe, Leber, Nieren und Därme. Rechtzeitiger Futterwechsel, den Ihnen Ihr Tierarzt empfehlen wird, kann das Leben wesentlich angenehmer machen – für Ihren alternden Boxer und für Sie.

RASSESPEZIFISCHE GESUND-HEITSPROBLEME BEIM BOXER

Bevor wir die verschiedenen erblichen und angeborenen Krankheiten vorstellen für die der Boxer disponiert ist, müssen wir über Ihre Verantwortung für die Gesundheit Ihres Boxers sprechen. Wie sehr liebt Ihr Boxer Sie?

Die Gesundheit Ihres Boxers hängt direkt von der Pflege ab, die Sie ihm geben.

Diese Frage soll nicht Ihre romantischen Gefühle ansprechen. Wir appelieren damit vielmehr an Ihre Verantwortung, dem Boxer zurückzugeben, was Sie von ihm empfangen. Hieraus ergibt sich Ihre eindeutige Verantwortung, für die Gesundheit Ihres Boxers zu sorgen.

Unglücklicherweise gibt es recht viele Krankheiten, für die diese Rasse disponiert zu sein scheint, obwohl viele davon durch die Untersuchungen und die Kenntnisse der Züchter bereits sehr in den Hintergrund getreten sind. Zu Ihrem Glück und zum Glück für den Welpen, den Sie gekauft haben, werden Sie im VdH wahrscheinlich an einen Züchter geraten, der seine Hausaufgaben gemacht hat. Das bedeutet, daß ein Hund mit verschiedenen angeborenen Defekten von der Zucht ausgeschlossen wird. Die Züchter, die nicht gewillt sind die notwendigen Untersuchungen bei ihren Zuchttieren durchzuführen, sollten Sie meiden. Der VdH schreibt jedoch für alle seine Mitglieder die Untersuchungen vor, so daß Sie auch hier wieder mit einem VdH-Hund besser bedient sind, als mit einem preisgünstigeren Welpen, unbekannter Herkunft.

Der zweite Schritt zum gesunden Boxer ist die Einweisung die Sie bekommen, damit Sie leichter die frühen Warnsignale für evtl. auftretende Probleme erkennen können.

Wohl die schlimmste Krankheit mit der Boxerzüchter und -besitzer umzugehen lernen müssen ist Krebs, der natürlich in vielen Formen vorkommen kann. Züchter sollten ihre Zuchttiere nach Langlebigkeit selektieren und jene bevorzugen, bei denen keine Krebserkrankung aufgetreten ist. Die Rasse ist prädistiniert sowohl für bösartige als auch für gutartige Tumore. Die am häufigsten auftretende Form ist der Gesäugekrebs.

Das zweite Problem an dem der Boxer leidet betrifft das Herz. Der Defekt wird Herzmuskelerweiterung genannt und ruft schwere Störungen beim Boxer hervor. Die Muskeln des Herzens werden gedehnt wie ein Luftballon und werden dabei genauso dünn, so daß das Herz nicht mehr richtig arbeiten kann und der Blutfluß erheblich gestört ist. Obwohl Herzmuskelerweiterung auch andere Rassen betrifft muß die genetische Prädisposition beim Boxer als sehr häufig angesehen werden. Auch hier ist es wichtig, daß der Züchter seine

Hunde sorgfältig untersuchen läßt bevor er sie zur Zucht einsetzt. Sie als Boxerbesitzer müssen ein Auge auf die frühen Warnsignale haben, wie zum Beispiel generelle Schwäche, Atemprobleme, Husten, Schwierigkeiten bei Aktivität mitzuhalten, Appetitverlust, beschleunigter Herzschlag und evtl. sogar Bewußtlosigkeit. Sie sollten den Hund bei seiner jährlichen Routineuntersuchung gezielt auch auf Herzprobleme überprüfen lassen, da in manchen Fällen auch überhaupt keine Anzeichen der Erkrankung auftreten. Ihr Tierarzt kann ohne Schwierigkeiten Herzmuskelerweiterung diagnostizieren und obwohl es bisher keine Heilung gibt, reagieren viele Boxer doch gut auf bestimmte Medikamente.

Weniger häufig kommt beim Boxer die Aortenstenose vor, eine andere Herzkrankheit, die eine Herzklappe und ihre Verengung betrifft. Sie kommt vor allem bei Welpen vor und ist erblich. Magenaufblähung fordert mehr Todesfälle beim Boxer, als man sich gemeinhin vorstellt. Tatsächlich werden reinrassige Hunde drei- bis viermal häufiger davon befallen als Mischlinge. Diese Erkrankung, die jedoch nicht als erblich angesehen wird, tritt bei Hunderassen mit großer Brusttiefe auf, zu denen der Boxer sicherlich gehört. Magenerweiterung oder Volvolus, wie sie vom Tierarzt bezeichnet wird, beschreibt den Zustand, bei dem der Magen sich mit der Luft füllt, die der Hund geschluckt hat. Später dreht sich der Magen, so daß der Blutfluß und die Verdauung blockiert werden, wodurch häufig Todesfälle eintreten, da Giftstoffe in die Blutbahn des Hundes übergehen. Ungefähr ein Drittel

Manche Boxer bekommen unglücklicherweise Krebs. Desweiteren ist der Boxer häufig für Herzkrankheiten disponiert. Ein Tierarzt kann frühzeitig die Diagnose stellen und Behandlungsanweisungen geben.

der Hunde mit Magendrehung überleben nicht.

Zwar können Sie die Veranlagung niemals ganz ausschließen, aber es gibt ein paar Vorsichtsmaßnahmen, die Sie als Besitzer ergreifen können, um Ihren Hund vor Blähungen zu schützen. Füttern Sie Ihren Hund auch als erwachsenes Tier dreimal täglich, so daß er weniger gierig frißt. Denn häufig wird beim schnellen Herunterschlingen des Futters die Luft mitgeschluckt, die Magenblähung verursacht. Manche Tierärzte empfehlen Kauknochen oder Spielzeug zum Hundefutter hinzuzufügen, sodaß der Hund darum herum fressen muß und somit niemals sein Futter herunterschlingen kann. Weichen Sie das Trockenfutter ein und geben Sie dem Hund ständigen Zugang zu frischem Wasser, außer während der Mahlzeiten. So wie Sie als Kind eine Stunde nach dem Essen nicht schwimmen gehen durften, gehen Sie mit Ihrem Boxer nicht spazieren, kurz nachdem Sie ihn gefüttert haben. Benutzen Sie einen Ständer um das Hundefutter erhöht anzubieten, damit der Boxer sich nicht bis zum Boden bücken muß. Wenn Sie diese einfachen Vorsichtsmaßnahmen in Ihre tägliche Routine aufnehmen, hat Ihr Boxer eine gute Chance, auf ein langes, glückliches, magenblähungsfreies Leben.

Wie viele andere mittelgroße und große Hunderassen neigen Boxer zu Gelenk- und Knochenproblemen. Die Hüftgelenksdysplasie ist die bekannteste Erkrankung. Obwohl viele Boxer von ihren Vorfahren her für Hüftgelenksdysplasie verdächtig sein könnten, zeigen längst nicht alle Hunde Anzeichen für diese Erkrankung.

Wissen Sie über Hüftgelenksdysplasie Bescheid?

Hüftelenkdysplasie kommt verhältnismäßig häufig bei Boxern sowie auch bei anderen großen Rassen vor. Wenn ein Hund Hüftgelenkdysplasie hat, haben seine Hinterbeine falsch ausgebildete Hüftgelenke. Durch den konstanten Gebrauch des Hüftgelenkes wird es mehr und mehr lose, nutzt sich unnormal ab und kann arthritisch werden.

Hüftgelenkdysplasie kann nur mit Hilfe einer Röntgenaufnahme festgestellt werden, aber einige Symptome weisen bereits auf das Problem hin. Es ist möglich, daß Ihr Boxer Hüftprobleme hat wenn er auf eine besondere Art läuft: Hoppelt, anstatt geschmeidig zu rennen, seine Hinterbeine gleichzeitig benutzt (um den Druck auf das geschwächte Gelenk zu verringern), Probleme beim Aufstehen hat und beim Sitzen beide Beine auf eine Körperseite legt. Ein erwachsener Hund kann sich evtl. an ein Leben mit einer schlechten Hüfte anpassen. Aber in wenigen Jahren entwickelt sich eine Arthritis und viele Boxer mit Hüftgelenkdysplasie verkrüppeln.

Hüftgelenkdysplasie wird als erbliche Erkrankung angesehen und kann zwischen zwölf und achtzehn Monaten festgestellt werden. Manche Experten behaupten, daß ein Spezialfutter den Welpen bei der Entwicklung guter Hüften unterstützt, aber im Allgemeinen erfolgt die Behandlung auf chirurgischem Wege. Hier gibt es mehrere Möglichkeiten: Die Entfernung des Musculus pectineus, die Entfernung des Oberschenkelkopfes und der Einsatz eines künstlichen Hüftgelenkes. All diese chirurgischen Eingriffe sind teuer, zeigen aber gewöhnlich sehr gute Erfolge. Sprechen Sie mit Ihrem Tierarzt!

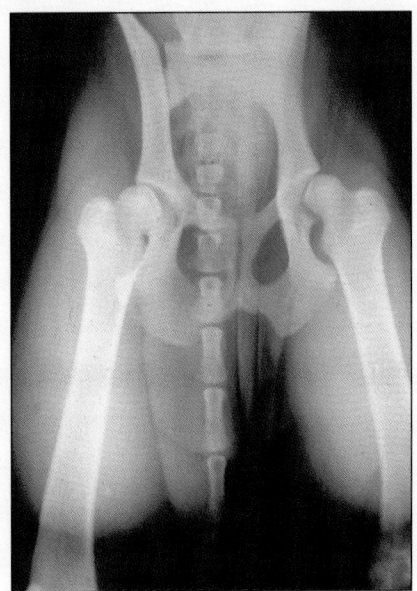

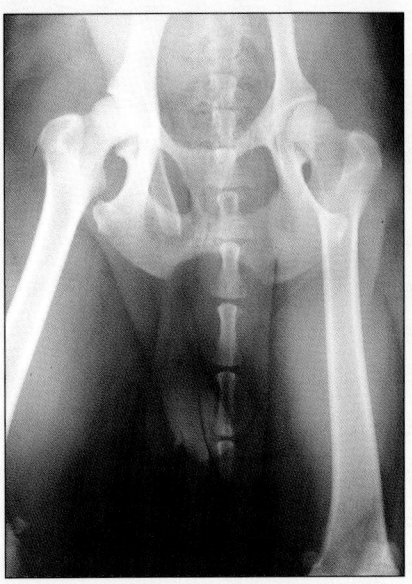

Hüftgelenksdysplasie

Vergleichen Sie die zwei Hüftgelenke und Sie werden Hüftgelenksdysplyasie verstehen. Hüftgelenksdysplyasie ist ein schlecht geformtes Hüftgelenk, bei dem der Oberschenkelkopf nicht gut in die Gelenkpfanne paßt. Es ist wohl die häufigste erbliche Erkrankung beim Boxer.

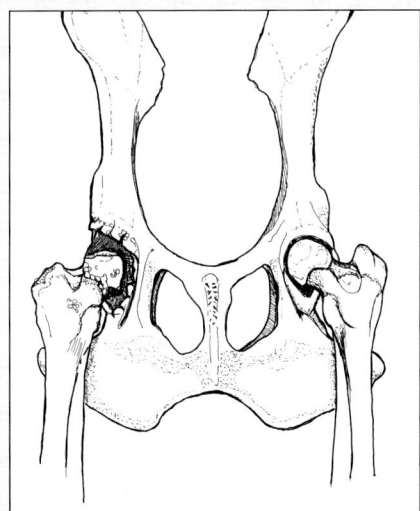

Das gesunde Hüftgelenk ist auf der rechten Seite und die kranke Hüfte links.

Hüftgelenksdysplasie kann nur durch eine Röntgenaufnahme diagnostiziert werden. Das Problem tritt beim Boxer zwischen dem vierten und neunten Lebensmonat auf, der sogenannten Schnellwuchsperiode.

Gewöhnlich läßt der Züchter seine Hunde zwischen achtzehn Monaten und zwei Jahren untersuchen, bevor er sie zur Zucht einsetzt. Eine gesunde Hüfte ist in Deutschland Voraussetzung für die Zuchterlaubnis beim Boxer. Hüftgelenksdysplasie ist nicht nur ein kosmetisches Problem, eine Kleinigkeit, die das Gangwerk von Ausstellungshunden beeinträchtigt, sie ist vielmehr eine ernsthafte, verkrüppelnde Erkrankung, die aus einem geliebten Haustier ein hinkendes, schmerzerfülltes „Wrack" machen kann. Denken Sie daran, wie sehr Ihr Boxer es liebt zu spielen und zu springen. Nun stellen Sie sich vor, daß jeder Schritt, den er macht, starke Schmerzen in seinem Körper verursacht. Niemand möchte, daß sein Hund nicht in der Lage ist sich schmerzfrei zu bewegen. Aus diesem Grunde sind die Untersuchungsprogramme auf Hüftgelenksdysplasie ein wichtiger Fortschritt in der Boxerzucht des VdH und es steht zu hoffen, daß in einiger Zeit nur noch sehr wenig Hunde geboren werden die nicht in der Lage sind, ihren Besitzer auf einem einfachen Spaziergang in einem Park oder am Strand zu begleiten.

Eine ähnliche Form von Dysplasie betrifft die Ellenbogen. Sie befällt Hunde sehr plötzlich und verursacht Lahmheiten. Gewöhnlich ist Arthritis der Ellenbogengelenke das Ende des Komplexes von Symptomen, die der Tierarzt Ellbogendysplasie nennt. Wie bei Hüftgelenksdysplasie werden die Hunde röntgenologisch auf klinische Anzeichen untersucht und nur Hunde mit normalen Ellenbogen zur Zucht zugelassen.

Die Bluterkrankung Von Willebrand Krankheit betrifft viele Hunderassen, so auch den Boxer. Es handelt sich um eine erbliche Veranlagung, die wahrscheinlich häufig mit Schilddrüsenunterfunktion einhergeht. Zwar ist das Auftreten der Von Willebrand Erkrankung in den letzten Jahren häufiger geworden, es gibt jedoch Möglichkeiten, die Menge des VW-Faktors im

Ellbogendysplasie bei einem dreieinhalb Jahre alten Hund.

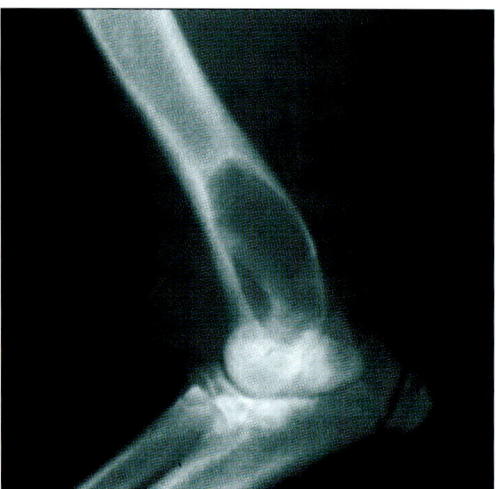
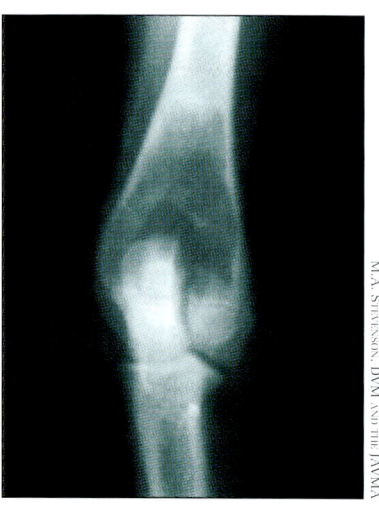

Blut medikamentös zu beeinflussen. Schilddrüsenunterfunktion, ein hormonelles Problem, kommt häufig bei Boxern vor. Sie zeigt sich gewöhnlich bei erwachsenen Hunden, meist nicht vor dem fünften Lebensjahr. Es gibt nur wenig frühe Anzeichen, die Sie als Besitzer erkennen könnten. Es wurden sowohl Schwäche als auch häufige Infektionen und Haarverlust als frühes Zeichen beschrieben. Obwohl die Diagnose von Schilddrüsenunterfunktion nicht einfach ist, kann Ihr Tierarzt diese Erkrankung ziemlich einfach behandeln, sobald er sie festgestellt hat.

In den frühen achtziger Jahren wurde die englische Boxerpopulation von Progessiver Axonopathie befallen, einer erblichen Nervenerkrankung, die ausschließlich bei dieser Rasse vorkommt. Dank der Forschungen des Veterinärgenetikers Dr. Bruce Cattanach konnte der Erbgang der PA entschlüsselt werden, so daß die Zucht mit für diese Krankheit rezessiven Hunden, gleichfalls unterbunden werden konnte. Diese Krankheit ist charakterisiert durch fehlerhafte Bewegung der Hinterhand von jungen Boxern, gewöhnlich mit etwa sechs Monaten, die evtl. später auch die Vorhand befällt. Obwohl beide Elterntiere die Gene für PA tragen müssen, damit ein kranker Welpe geboren werden kann, sollten alle Trägerhunde konsequent aus der Zucht genommen werden.

Eine andere Krankheit, die fast ausschließlich den Boxer befällt, ist die Histiocytische Colitis Ulcerosa. Sie befällt Hunde unter zwei Jahren und ist gekennzeichnet durch Symptome von Darmentzündung wie zum Beispiel starkem Durchfall. Eine Kombination von Antibiotika und Diät erleichtert dem erkrankten Boxern das Leben, es gibt jedoch keine Heilung. Auch hier wird eine genetische Verbindung von den Tierärzten vermutet, so daß befallene Hunde nicht zur Zucht eingesetzt werden sollten.

Es gibt noch andere erbliche Erkrankungen des Boxers die wir hier nicht alle beschreiben können. Sprechen Sie mit Ihrem Tierarzt und Ihrem Züchter über die Erbkrankheiten. Verantwortungsvolle Züchter kennen ihre Zuchtlinien sehr genau und sollten in der Lage sein, Ihnen die Angst vor dem Auftreten einer Erbkrankheit bei Ihrem Welpen zu nehmen. Ein paar Krankheiten, von denen die Tierärzte behaupten, daß sie häufig beim Boxer vorkommen, sind zum Beispiel Cushing-Syndrom, Hornhaut-Geschwüre, Distichiasis, Entropium, Lymphosarcom und Pulmonastenose.

HAUTPROBLEME BEIM BOXER
Wegen Hautproblemen wird der Tierarzt häufiger aufgesucht, als wegen irgend einer anderen Gruppe von Erkrankungen. Hundehaut ist fast so empfindlich wie Menschenhaut und leidet oft unter den gleichen Erscheinungen (obwohl das Auftreten von Akne bei Hunden verhältnismäßig selten ist). Aus diesem Grunde ist die Behandlung von Hautkrankheiten ein Spezialgebiet, für das sich viele Tierärzte qualifiziert haben.

Weil viele Hautprobleme sichtbare Symptome zeigen, die beinahe identisch sind, braucht der Tierarzt viel Erfahrung um die einzelnen Krankheitsbilder voneinander zu unterscheiden, damit er sie behandeln

kann. Einfach gesagt: Wenn Ihr Hund eine Hautkrankheit hat, suchen Sie so schnell wie möglich professionelle Hilfe. Wie bei allen Krankheiten, je früher ein Problem erkannt und behandelt wird, umso erfolgreicher ist der Heilungsverlauf.

Ererbte Hautprobleme

Viele Hauterkrankungen sind erblich und einige sind sehr gefährlich. Acrodermatitis ist eine Erbkrankheit, die von beiden Eltern weitergegeben wird. Die Eltern, die äußerlich normal erscheinen, haben ein rezessives Gen für Acrodermatitis. Das bedeutet, daß sie die Krankheit tragen, aber selbst nicht von ihr befallen sind. Acrodermatitis ist nur ein Beispiel, wie schwierig die Diagnose und Behandlung mancher Hundehautkrankheiten ist. Die Träger genetisch rezes-

siver Erkrankungen können mit den heute vorhandenen Untersuchungsmethoden noch nicht zweifelsfrei ermittelt werden, was dazu führt, daß nach wie vor Boxer-Welpen an Acrodermatitis sterben, bevor sie zwei Jahre alt sind.

Andere vererbte Hautprobelme sind gewöhnlich nicht so schwerwiegend wie Acrodermatitis. Alle Erbkrankheiten müssen von einem Spezialisten diagnostiziert und behandelt werden. Es gibt Programme, die von mehreren pharmazeitisch-technischen Labors ins Leben gerufen wurden, um die meisten, häufig vorkommenden Hautprobleme bei Hunden, in den Griff zu bekommen.

INSEKTENSTICHE

Viele von uns sind allergisch gegen Mückenstiche. Die Stiche jucken, schwellen an und können sich entzünden. Hunde haben dieselben Reaktionen auf Flöhe, Zecken oder Milben. Wenn Sie den Mückenstich in dem Augenblick fühlen, in dem die Mücke Sie sticht, haben Sie die Chance, das Insekt mit der Hand zu erwischen. Unglücklicherweise haben unsere Hunde, wenn sie von einem Floh, einer Zecke oder einer Milbe gebissen werden, nur die Möglichkeit, die Stelle zu kratzen oder daran zu knabbern. Wenn der Hund gestochen wird hat der Parasit seinen Schaden schon angerichtet. Er kann auch bereits Eier gelegt haben und somit weitere Probleme in naher Zukunft verursachen. Das Jucken eines Parasitenbisses rührt möglicherweise von dem Speichel her, den der Parasit in den Stich fließen läßt während er das Blut des Hundes saugt.

AUTOIMMUN-ERKRANKUNGEN

Autoimmune Hauterkrankungen werden gewöhnlich so erklärt: Jemand ist allergisch gegen sich selbst. Gewöhnlich definiert sich eine Allergie jedoch als endzündliche Reaktion auf einen äußeren Reiz. Autoimmun-Erkrankungen verursachen ernsthaften Schaden an den Geweben, die beteiligt sind. Die bekannteste Autoimmun-Krankheit ist Lupus. Er befällt sowohl Menschen als auch Hunde. Die Symptome sind sehr unterschiedlich und können Leber, Knochen, Blut und Haut befallen. Er kann für Menschen und Tiere tödlich sein, ist jedoch nicht zwischen Tieren und Menschen übertragbar. Normalerweise wird Lupus mit Cortison, Prätnisolon oder ähnlichen Corticosteroiden behandelt. Längerer Gebrauch dieser Medikamente kann jedoch gefährliche Nebenwirkungen zeigen.

Nervöses Lecken

Boxer und andere Hunderassen von ähnlicher Größe (wie zum Beispiel Labrador-Retriever) neigen häufig zu einer Erkrankung, deren Ursachen bisher noch nicht eingehend erforscht wurde, dem Nervösen Lecken. Das Krankheitsbild wird gekennzeichnet durch das pausenlose Belecken und Beknabbern einer bestimmten Körperregion, meistens der Beine, durch den Hund. Die Hunde lecken so hartnäckig, daß sie die Haare und die oberen Hautschichten zerstören und eine tiefe häßliche Wunde verursachen. Es wird angenommen, daß ungeeignete Haltungsbedingungen und Langeweile eine Hauptursache des Problems sind; die Behandlung erfolgt meistens mit Corticosteroiden.

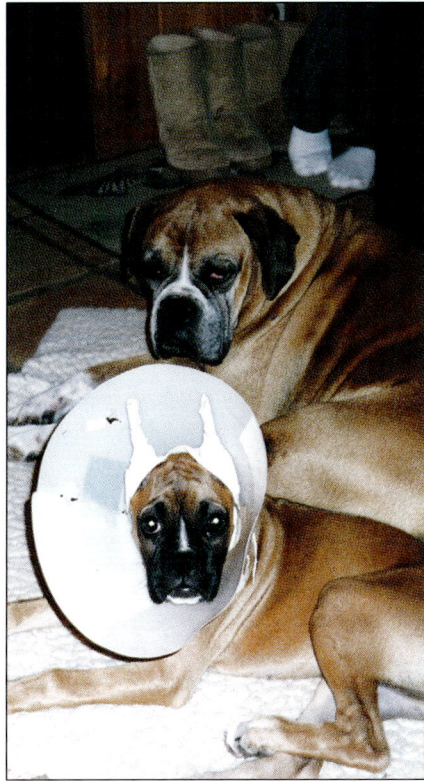

Nervöses Lecken, ist ein ständiges Belecken einer Stelle am Bein des Boxers. Diese Stelle wird gerötet und gereizt. Sie können Ihren Hund am Lecken hindern, indem Sie ihm bei Ihrem Tierarzt einen Kragen besorgen.

Heuschnupfen

Eine verbreitet Allergie ist die Pollenallergie. Menschen haben Fieber, Heuschnupfen und andere Krankheitsanzeichen, unter denen sie in der Hauptsache während der Pollenflugzeiten leiden. Viele Hunde zeigen ein ähnliches Krankheitsbild. Es kann also möglich sein, daß Ihr Hund bei starkem Pollenflug erheblich leidet. Erwarten Sie nicht, daß er nießt und daß seine Nase läuft wie beim Menschen. Hunde reagieren bei einer Pollenallergie so, wie sie auch auf Flohbisse reagieren, sie kratzen und beißen sich selbst. Boxer sind sehr anfällig für Pollenallergien. Bei Hunden wie bei Menschen kann ein Allergietest durchgeführt werden. Sprechen Sie hierüber mit Ihrem Tierarzt.

Futterallergien

Hunde sind allergisch gegen viele Futtersorten, die häufig verkauft und von Züchtern und Tierärzten hochgelobt werden. Oft hilft es, wenn Sie die Futtersorte wechseln. Manchmal jedoch ändert der Wechsel nichts an dem Problem, weil der Bestandteil des Futters, gegen den Ihr Hund allergisch ist, auch in der neuen Futtersorte enthalten ist. Es ist schwierig, eine Futterallergie zu erkennen. Menschen erbrechen oder haben Magenkrämpfe wenn sie etwas essen, was sie nicht vertragen. Hunde erbrechen gewöhnlich nicht und zeigen meistens auch keine Magenkrämpfe. Statt dessen kratzen und beißen sie sich, wodurch die Diagnose extrem schwierig ist. Ein Anhalts-

Wußten Sie schon?

Flöhe können einen kompletten Lebenszyklus in weniger als einem Monat durchlaufen; sie können aber auch ihr Leben auf beinahe zwei Jahre verlängern, indem sie im Puppen- oder Larvenstadium bleiben. So brauchen sie kein Blut bis zu zwanzig Monate. Messungen haben ergeben, daß Flöhe bis zu 300.000 mal springen können und bis zu 150 mal ihre eigene Körpergröße, in jede Richtung inklusive senkrecht nach oben, zurücklegen können. Dies sind nur ein paar der Gründe, warum sie so erfolgreich darin sind, einen Hund zu befallen.

Wußten Sie schon?

Spulwürmer können täglich 1.360.000 Eier bei mittelgroßen Hunden wie dem Boxer produzieren. Wenn man die durchschnittliche Anzahl von Boxern weltweit auf eine Million bedenkt, so beträgt deren Anteil an Kot 1.300 Tonnen. Dieser Kot ist mit 15.000.000.000 Spulwurmeiern versetzt. Achten Sie deshalb sehr sorgfältig darauf, wo Ihr Hund seinen Kot absetzt, damit es nicht zu Verunreinigungen z. B. auf Kinderspielplätzen kommt. Normale Reinigungsmittel töten die Spulwurmeier nicht ab. Deshalb sollten Sie eine regelmäßige Entwurmung nicht versäumen. Bereits drei Wochen alte Welpen setzen Spulwurmeier in ihrem Kot ab, weil diese durch die Milch der Mutter übertragen worden sind. Fragen Sie auch Ihren Züchter nach einem Entwurmungsplan. Es ist natürlich auch wichtig, wenn Ihr Welpe sein „Geschäft" aus versehen einmal in der Wohnung verrichtet, daß Sie den Kot oder den Urin sofort entfernen, denn die Bakterien und Wurmeier können durchaus für den Menschen auch gefährlich sein.

punkt ist, daß Pollenallergien und Flohbisse sich gewöhnlich auf bestimmte Jahreszeiten beschränken, wohingegen Futterallergien das ganze Jahr über ein Problem darstellen.

Behandlung von Ernährungsproblemen

Es ist schwierig, Futterallergien und Futterunverträglichkeit selbst zu behandeln. Setzen Sie Ihren Hund auf eine Diät mit einem Futter das er nie zuvor bekam. Wenn er es niemals vorher probiert hat, kann er gegen das neue Futter auch nicht allergisch sein. Beginnen Sie mit einem einzigen Inhaltsstoff. Inhaltsstoffe wie gehacktes Fleisch oder Fisch kommen häufig in Hundefutter vor, also versuchen Sie etwas Exotischeres wie zum Beispiel Straußenfleisch, Kaninchen, Fasan. Halten Sie den Hund für einen Monat auf dieser Diät ohne jegliche Zusätze. Danach geben Sie etwas neues dazu, zum Beispiel eine Gemüsesorte oder eine andere Sorte Fleisch. So können Sie langsam, etwa nach einer Woche, etwas neues dazugeben. Dadurch können Sie bei neuerlichem Auftreten der Allergie sofort feststellen, gegen was Ihr Hund allergisch ist. Lassen Sie sich von Ihrem Tierarzt beraten, damit der Hund trotzdem eine ausgewogene Ernährung bekommt. Wenn die Symptome der Futterallergie oder -unverträglichkeit verschwinden, haben Sie wahrscheinlich die Ursache herausgefunden.

Eine Alternativmethode ist, die Zusammensetzung des Hundefutters, auf das Ihr Hund allergisch reagiert, genau zu untersuchen. Stellen Sie fest, welchen Hauptinhaltsstoff dieses Futter hat und kaufen Sie ein Futter ohne diesen Inhaltsstoff. Setzen Sie dieses Ausprobieren fort, bis die Symptome verschwinden, nachdem Sie vier Wochen lang das neue Futter gegeben haben.

ÄUSSERE PARASITEN

Von allen Problemen, mit denen Hunde zu tun haben, ist keines bekannter und frustrierender als Flöhe. Flöhe, und dies gilt auch für Zecken und Mil-

ben, sind verhältnismäßig einfach zu behandeln, jedoch sehr schwierig zu vermeiden. Das Gegenteil gilt für die Parasiten, die innerhalb des Körpers leben. Sie sind etwas schwieriger zu behandeln, aber man kann eine Infektion leichter verhüten.

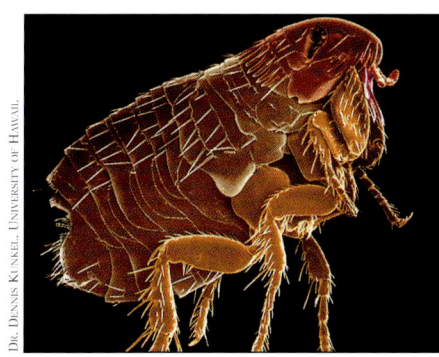

Eine elektronenmi kroskopische Fotografie eines Hundeflohs Ctenocephali des canis, *ungefähr 30 mal vergrößert.*

DR. DENNIS KUNKEL, UNIVERSITY OF HAWAII.

Flöhe

Um einen Flohbefall zu vermeiden müssen Sie sich mit dem Lebenszyklus eines typischen Flohs auskennen damit Sie ihn unterbrechen können. Hauptsächlich während der Sommerzeit bilden Flöhe ein Problem und ihre effektive Behandlung (Vernichtung) ist aufwendig. Das Problem ist, daß es nicht ein einziges Insektizid gibt, welches an allen Stellen, die von Flöhen befallen werden, angewandt werden kann. Um Flöhe behandeln zu können, müssen Sie die notwendige Medikation an der schwächsten Stelle des Lebenszykluses der Flöhe anwenden.

Der Lebenszyklus eines Flohs

Flöhe kommen in vier Entwicklungsstadien vor: Eier, Larven, Puppen und Erwachsene. Sie brauchen ein Mikroskop oder eine Lupe um Floheier, Lar-

Ein männli-cher Hun-defloh, Cteno-cephalides canis, *50 mal vergrößert.*

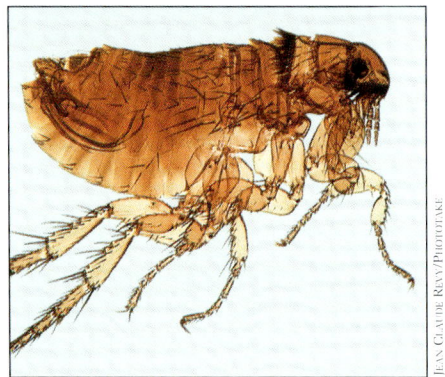

JEAN CLAUDE RÉVY/PHOTOTAKE

ven oder Puppen sehen zu können. Diese verbringen ihr ganzes Leben auf Ihrem Boxer wenn Sie nicht gewaltsam durch Bürsten, Baden, Kratzen oder Beißen entfernt werden.

Einige Unterarten befallen sowohl Hunde als auch Katzen. Der wissenschaftliche Name für den Hundefloh ist *Ctenocephalides canis,* der wissenschaftliche Name für den Katzenfloh ist *Ctenocephalides felis.* Katzenflöhe kommen recht häufig bei Hunden vor.

Hundefloh-Eier, 12 mal vergrößert.

Flöhe legen ihre Eier, während sie auf Ihrem Hund leben. Diese Eier haften nicht an den Haaren Ihres Hundes und fallen, sobald sie getrocknet sind (di-

Männlicher Katzenfloh, Ctenocephali des felis, *der auf Hunden wie auch auf Katzen vorkommt.*

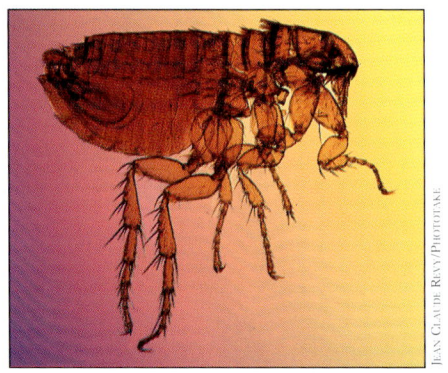

JEAN CLAUDE RÉVY/PHOTOTAKE

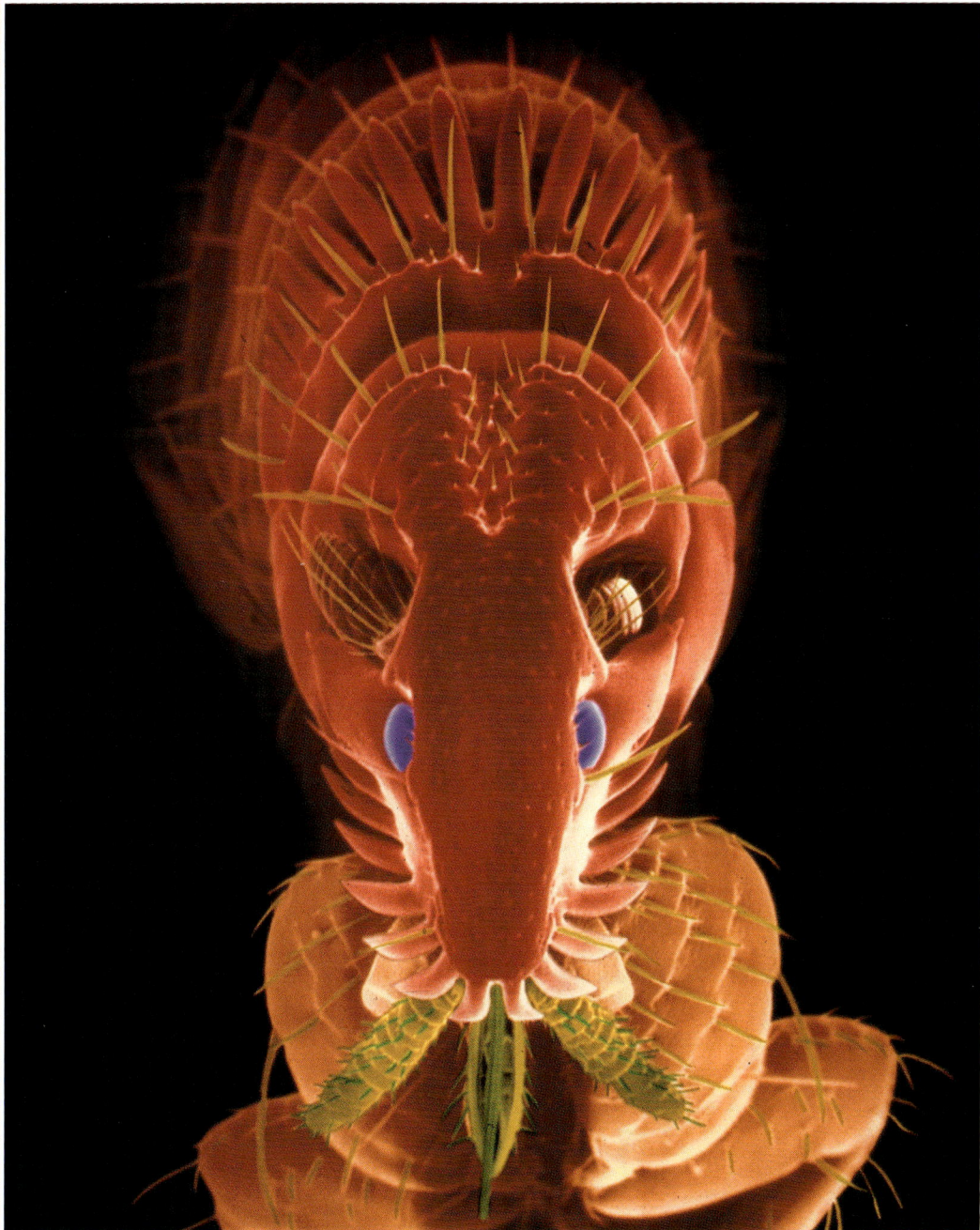

Eine elektronenmikroskopische Aufnahme von einem Hunde- oder Katzenfloh *Ctenocephalides*, über 100 mal vergrößert. Der Floh ist zum besseren erkennen angefärbt.

Der Lebenszyklus des Flohs

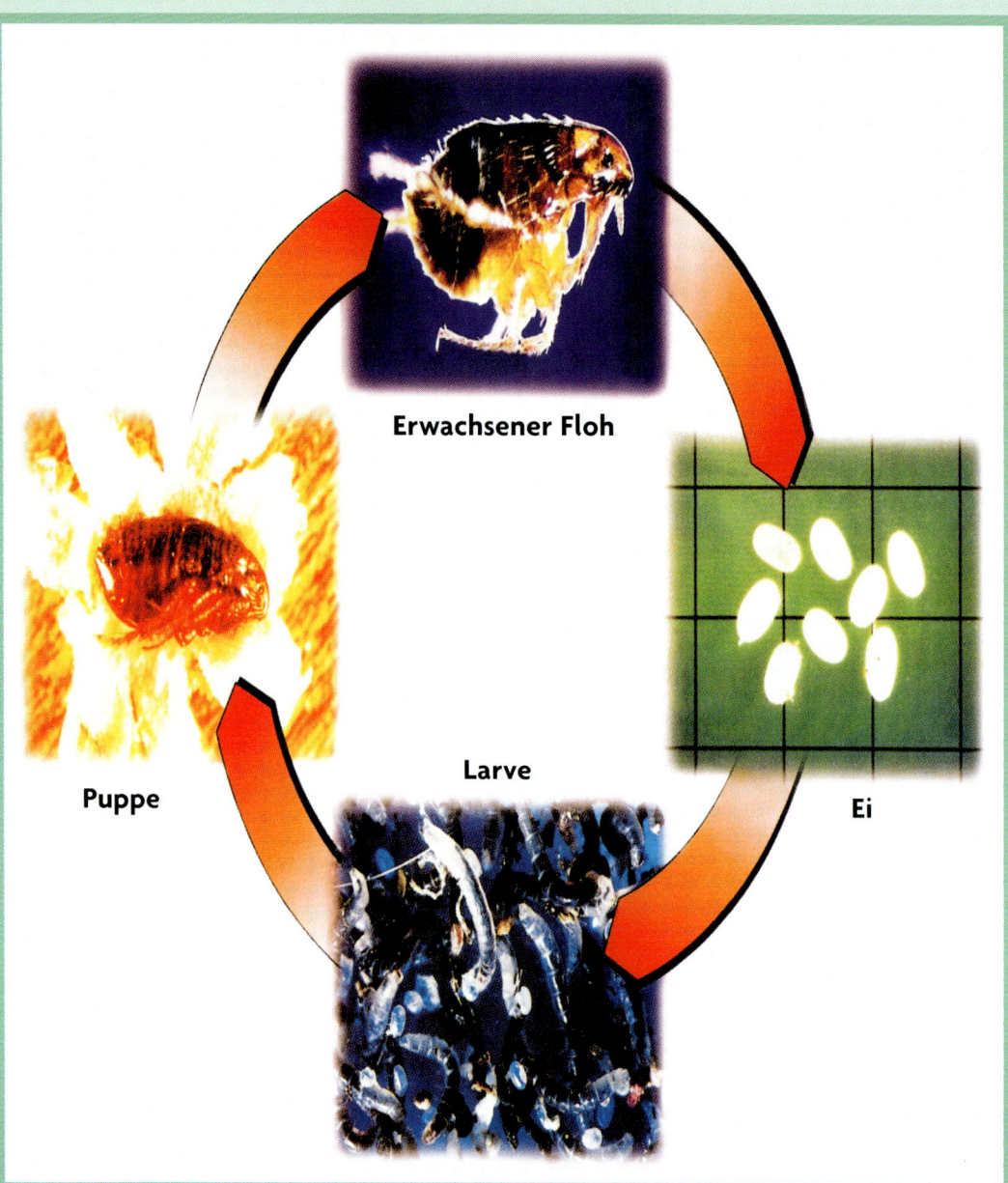

Erwachsener Floh

Puppe

Larve

Ei

DWIGTH R. KUHN

gentlich Katzenflöhe sind. Da Katzen sich jedoch an vielen Stellen aufhalten die ein Hund niemals erreichen könnte (wie Fensterbänke, Regalfächer und Schrankschubladen etc.) müssen Sie diese Stellen ebenfalls alle putzen. Glatte Böden (Fliesen, Holz, Naturstein und PVC) müssen Sie mehrmals am Tage wischen. Hundefutterreste auf dem Boden bilden gleichzeitig Futter für Flohlarven! Alle Polster und Möbel müssen mehrmals täglich mit dem Staubsauger behandelt werden.

Dwigth R. Kuhn's wundervoller Schnappschuß, zeigt einen Floh, der von einem Hundehaar springt.

Boxer werden draußen schnell von Flöhen und Zecken befallen.

rekt nach der Eiablage sind sie leicht feucht) zu Boden. Sie bilden das Reservoir zukünftiger Flohpopulationen. Wenn Ihr Hund sich kratzt und so einige Flöhe ihres Wohnortes beraubt fallen diese einfach herunter und warten auf die nächste Chance, einen Hund oder sogar einen Menschen anzufallen. Ja, Hundeflöhe beißen Menschen. Dies ist der Grund, warum es so wichtig ist, die Flöhe sowohl auf dem Hund als auch in seiner Umgebung zu vernichten. Zu diesem Zweck müssen Sie Hund und Umgebung gleichzeitig behandeln.

Umgebungsbehandlung

Sauberkeit ist das oberste Gebot. Wenn Sie gleichzeitig mit Ihrem Hund eine Katze besitzen, wird die Sache schwieriger, da die meisten Hundeflöhe ei-

Vergessen Sie nicht, unter den Möbeln, hinter den Sofakissen und an den Vorhängen ebenfalls Staub zu saugen. Eine Untersuchung belegt, daß ein Staubsaugerdurchgang nur 20 % der Larven und 50 % der Eier entfernt. Die Staubsaugerbeutel sollten in einem verschlossenen Plastiksack

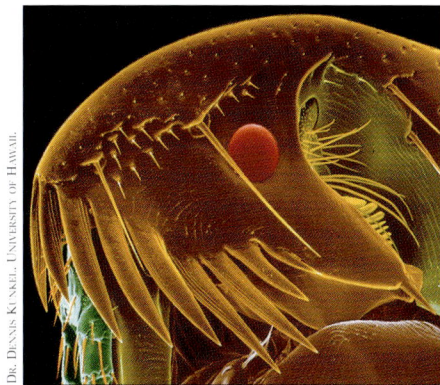

DR. DENNIS KUNKEL, UNIVERSITY OF HAWAII

Der Kopf eines Hundeflohs, Ctenocephalides canis, 165-fach vergrößert.

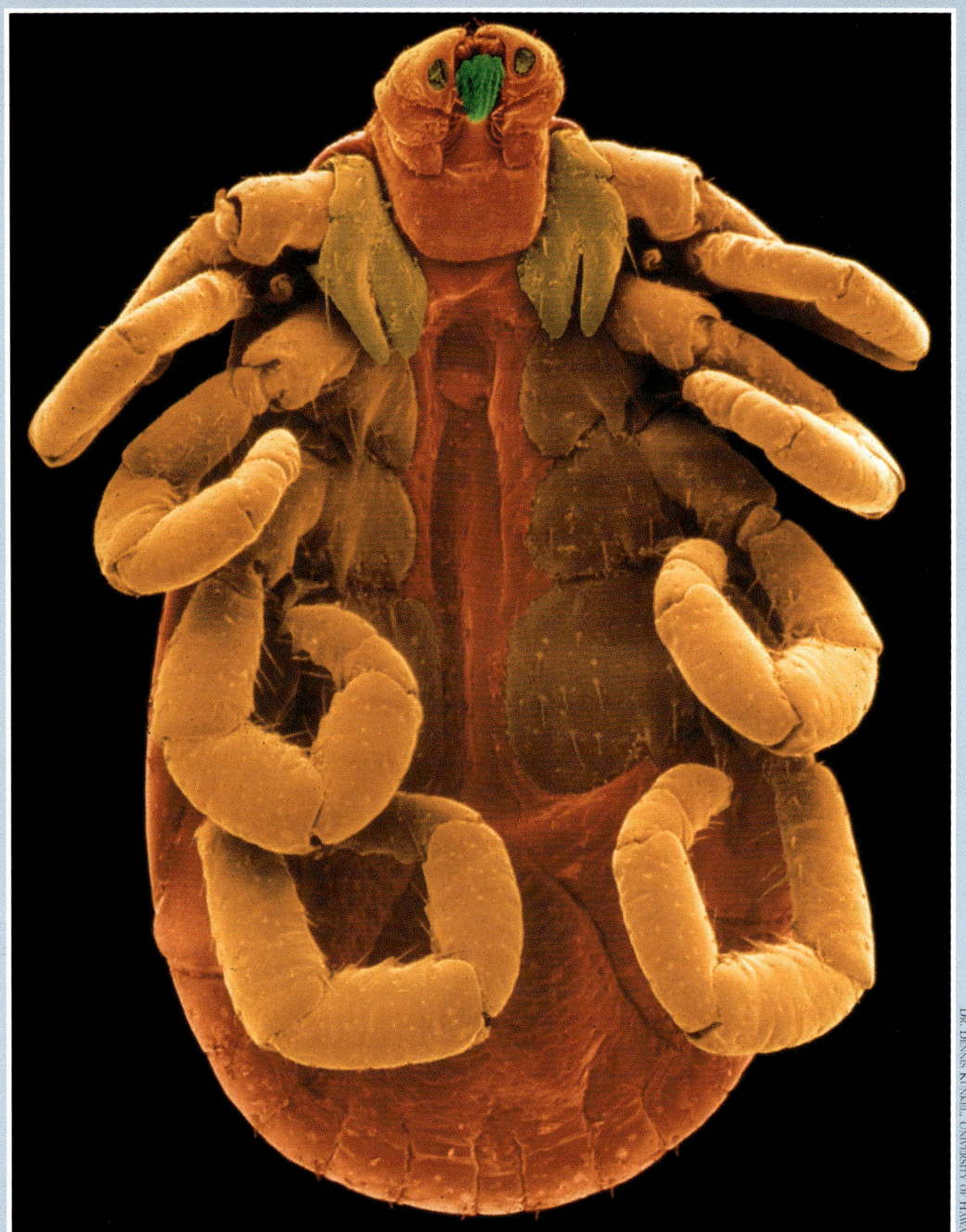

Die Hundezecke *Dermacentor variabilis* ist die am meisten auf amerikanischen Boxern vorkommende Zecke. Beachten Sie die acht Beine. Kein Wunder, daß eine Zecke so schnell an einem Hund entlang krabbelt.

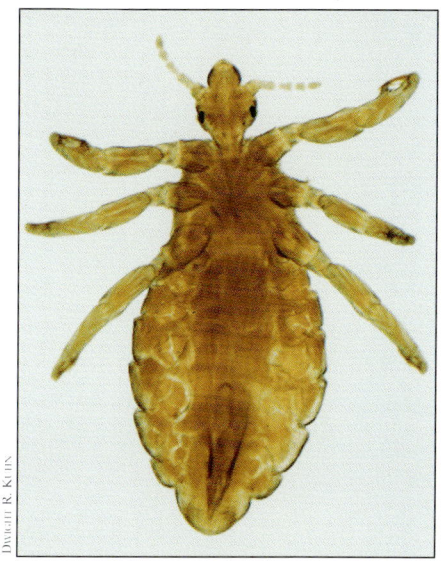

durch. FRONTLINE wirkt bis zu sechs Wochen lang, so daß auch Flöhe aus der Umgebung, die inzwischen e-wachsen geworden sind und Ihren Hund befallen, von dem Mittel erfaßt werden. FRONTLINE ist nur beim Tierarzt erhältlich.

Neben der Reinigung Ihres Hauses mit saugen und wischen gibt es bei sehr starkem Flohbefall die Möglichkeit, die Umgebung mit einem hochwirk-samen Insektizid, das auch auf die verschiedenen Entwicklungstadien der Flöhe wirkt, zu behandeln.

Fragen Sie dennoch bei Ihrem Tierarzt oder Apotheker. Solche Mittel müssen genau nach Vorschrift angewendet werden. Sie sind nämlich sehr giftig und können Ihren Aquarienfischen oder Ziervögeln schaden.

Menschliche Läuse sehen aus wie Hundeläuse, sie sind sehr nahe ver-wandt.

fortgeworfen werden. Der Staubsau-ger selbst muß gereinigt werden. Der Garten, zu dem Ihr Hund Zugang hat, muß ebenfalls mit einem Insektizid behandelt werden.

Dies hört sich nach einer Menge Arbeit an. Es ist auch viel Streß, aber nur mit solch radikalen Methoden werden Sie die Flohplage wieder los.

Zwar gibt es mehrere Mittel, die die Flöhe auf dem Hund selbst vernich-ten, wie zum Beispiel das Wunder-mittel FRONTLINE, es ist jedoch trotz-dem günstig, wenn Sie die Behand-lung mit Ihrem Tierarzt absprechen. Er wird Ihnen erklären, wie FRONT-LINE auf das Fell und die Haut des Hundes aufgetragen und einmassiert wird. Das Medikament beinhaltet den Wirkstoff Fipronil. Da es sich hier um ein äußerst wirksames Insektizid han-delt, befolgen Sie bitte genau die Anweisungen auf der Flasche. Tragen Sie Handschuhe und führen Sie die Behandlung möglichst im Freien

Zecken leben ausschließlich von Blut.

Zecken

Obwohl sie nicht so häufig wie Flöhe auftreten, findet man Zecken doch überall auf der Welt. Sie beißen nicht wie Flöhe sondern sie „harpunieren". Sie graben ihre scharfe Proboscis (Nase) in die Haut des Hundes und saugen das Blut. Hundeblut ist die einzige Nahrung die sie brauchen. Sie können Leishmaniose, Babesiose, Bor-reliose, Rocky-Mountain-Fleckfieber

Die Räudemilbe **Psoroptes bovis,** *über 200-fach vergrößert.*

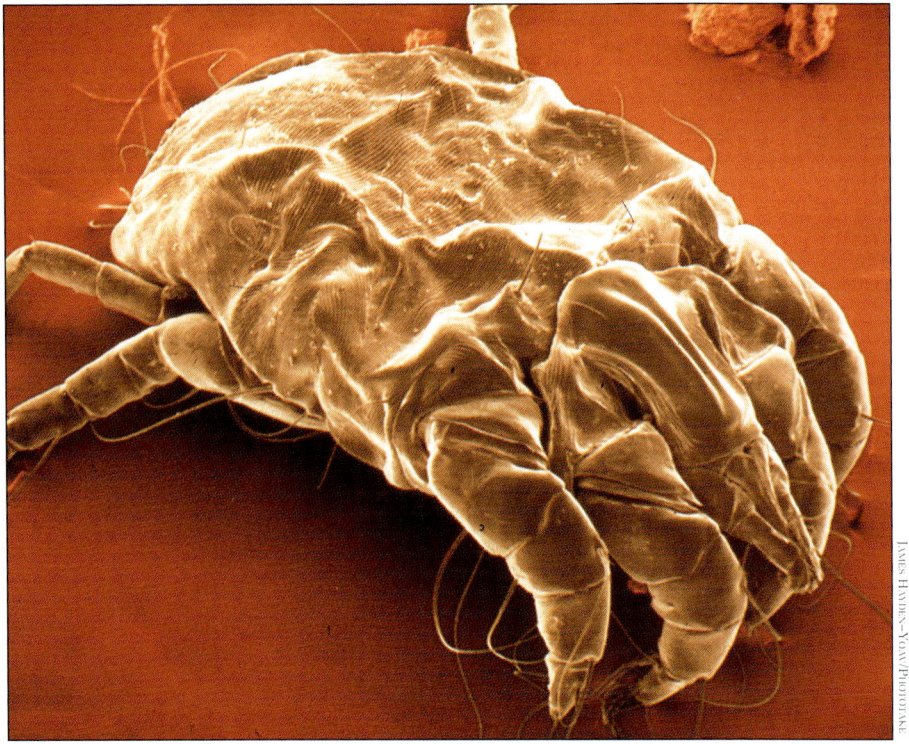

James Hayden-Yoav/Phototake

(welches nur in den USA auftritt) und viele andere Krankheiten auf Hunde übertragen. Sie leben ähnlich wie Flöhe, nur daß sie sich an Sträuchern und halbhohen Gräsern aufhalten. Sie werden ähnlich behandelt wie Hundeflöhe. Die Hundezecke *Dermacentor variabilis* ist wohl die Art, die am häufigsten in vielen geografischen Gebieten vorkommt, außer jenen Ländern, in denen das Klima besonders heiß und feucht ist. Die meisten Hundezecken haben eine Lebenserwartung zwischen einer Woche und sechs Monaten, abhängig von den klimatischen Bedingungen. Sie können weder springen noch fliegen, aber sie können langsam krabbeln und legen bis zu fünf Meter

zurück, um einen schlafenden, in der Wiese liegenden Hund zu erreichen.

Milben

Milben verursachen eine Hauterkrankung die Räude genannt wird. Manche Arten sind ansteckend, wie zum Beispiel *Cheyletiella,* Ohrmilben und Sarkoptes-Milben. Die nicht ansteckende Milbenart ist Demodex. Die häufigste Infektion durch Milben ist der Ohrmilbenbefall. Zur Behandlung von Ohrmilben stehen dem Tierarzt verschiedene Mittel zu Verfügung.

Es ist wichtig, daß Ihr Hund bei Milbenbefall so schnell wie möglich behandelt wird, da einige Milbenarten auch den Menschen befallen können.

INNERE PARASITEN

Die meisten Tierarten, Fische, Vögel und Säugetiere, wobei Mensch und Hund eingeschlossen sind, können von Würmern und anderen Parasiten, die in ihrem Körper leben, befallen werden. Nach der Theorie des Dr. Herbert R. Axelrod, der ein bekannter Fisch-Spezialist ist, gibt es zwei Arten von Parasiten, „intelligente" und „dumme". Die „intelligenten" Parasiten leben friedlich mit ihrem Wirtsorganismus zusammen (Symbiose) während die „dummen" Parasiten ihren Gastgeber umbringen. Die meisten Wurminfektionen sind verhältnismäßig einfach zu behandeln. Wenn sie nicht behandelt werden, schwächen sie möglicherweise den Wirts-

Der Kopf der Hundezecke Dermacentur variabilis, *ungefähr 90-fach vergrößert.*

DR. DENNIS KUNKEL, UNIVERSITY OF HAWAII.

Boxer ungefähr 150 g Kot pro Tag ausscheidet. Jedes Gramm Kot enthält durchschnittlich 10- bis 12.000 Rundwurmeier, da diese Würmer kontinuierlich Eier ablegen. Es gibt keine Gegenden in denen sich Hunde aufhalten, die rundwurmeierfrei sind. Die größte Gefahr bei Rundwürmern ist, daß sie auf den Menschen übertragbar sind. Aus diesem Grund sollten Sie Ihren Hund regelmäßig auf

Eine braune Hundezecke, Rhipicephalus sanguineus.

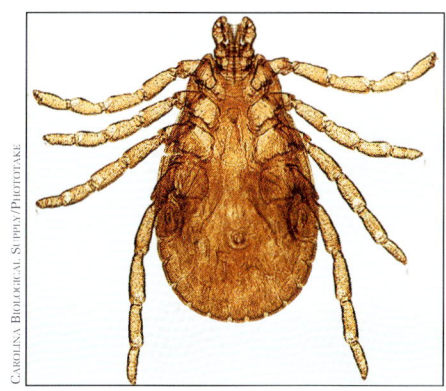

CAROLINA BIOLOGICAL SUPPLY/PHOTOTAKE

organismus bis zu einem Punkt, an dem andere gesundheitliche Probleme auftreten.

Rundwürmer

Die Rundwürmer, von denen Hunde befallen werden, bezeichnet man wissenschaftlich als *Toxocara canis*. Sie leben in den Eingeweiden des Hundes. Es ist festgestellt worden, daß ein

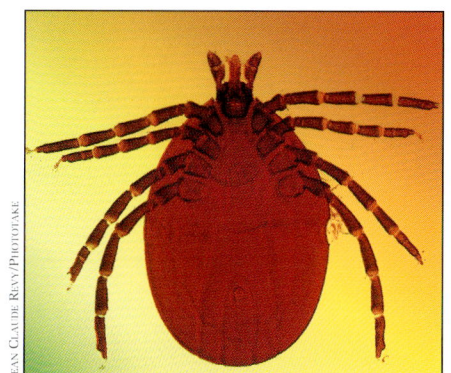

JEAN-CLAUDE REVY/PHOTOTAKE

Eine seltene Hundezecke der Familie Ixodes, *zehnmal vergrößert.*

Achten Sie drauf!

Flöhe gibt es schon über Millionen von Jahren und sie haben sich ihrem Wirt angepaßt. Sie durchlaufen ihren Lebenszyklus in weniger als einem Monat und haben eine Lebenserwartung von etwa zwei Jahren, in dem sie die verschiedenen Stadien durchlaufen. Bis zu einem Alter von 20 Monaten benötigen die Larven oder Puppen noch kein Blut.

Es wurden Messungen angestrengt, in denen man 300.000 Sprünge gezählt hat mit 150facher Körperlänge in jede Richtung, einschließlich nach oben. Das sind nur einige Gründe, warum sie sich so erfolgreich auf ihrem Wirt halten können. Es gibt heute recht effektive Mittel zur Flohbekämpfung. Es ist allerdings wichtig, daß auch die Umgebung von Flöhen und Floheiern gesäubert wird. Denn das kann nicht nur für Ihren Hund sondern auch für Sie und Ihre Familie gefährlich werden.

Rundwurmbefall untersuchen lassen. Schweine haben ebenfalls Rundwurminfektionen, die auf Hunde und Menschen übertragen werden können. Ein hier häufig vorkommender Rundwurm ist zum Beispiel *Ascaris lumbricoides*.

Hakenwürmer

Der Wurm *Ancylostoma caninum* wird gemeinhin auch als Hundehakenwurm bezeichnet. Er ist ebenfalls gefährlich für Menschen und Katzen. Er hat Zähne, mit denen er sich in den Eingeweiden des Hundes festbeißt. Da er seinen Aufenthaltsort etwa sechs mal am Tag wechselt, verliert der Hund Blut an jeder Bißstelle, wodurch Eisenmangel, Anämie, verursacht werden kann. Er kann ohne größere Schwierigkeiten behandelt werden. Ihr Tierarzt wird eine Auswahl unter den angebotenen Hakenwurmmitteln treffen und Ihnen ein passendes aushändigen.

Der Spulwurm Ascaris lumbricoides infiziert Hunde und Menschen, 175-fach vergrößert.

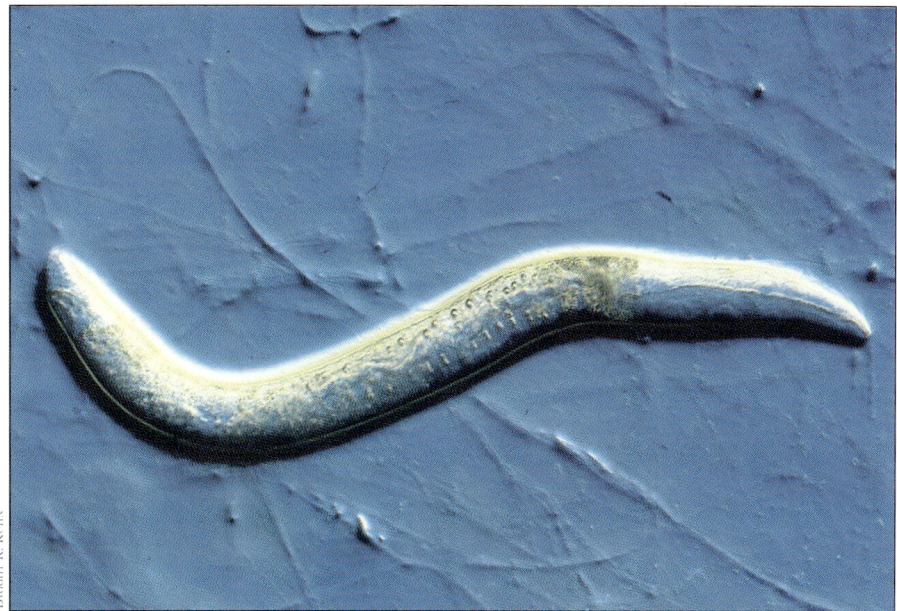

Der **Spulwurm** Ascaris lumbricoides *infiziert* Menschen, Hunde und Schweine.

Bandwürmer

Es gibt viele Arten von Bandwürmern. Sie werden durch Flöhe übertragen. Der Hund verschluckt den Floh, auf diese Art unterstützt er den Lebenskreislauf des Bandwurms. Menschen können ebenfalls mit Bandwürmern infiziert werden.

Obwohl eine Bandwurminfektion für den Hund nicht lebensbedrohlich ist, kann er die Ursache für eine sehr schwere Lebererkrankung des Menschen sein. Diese Erkrankung wird jedoch nur durch *Echinococcus multilocularis* übertragen, den Fuchsbandwurm, der fast nur in Süddeutschland auftritt. Er wird durch infizierten Fuchskot auf Hunde übertragen. Ebenso leicht kann der Mensch sich jedoch direkt anstecken, zum Beispiel beim Pflücken und Essen von frischen Heidelbeeren. Der Fuchsbandwurm verursacht eine Gefäßerweiterung, an der bis zu 50 % der befallenen Menschen sterben.

Herzwürmer

Herzwürmer sind dünne, langgestreckte Würmer, die bis zu 30 cm lang werden. Sie leben im Herzen und den darunterliegenden großen Blutgefäßen des Hundes. Ein Hund von der Größe eines Boxers, kann bis zu 200 dieser Würmer in seinem Herzen haben. Krankheitserscheinungen sind: Nachlassen der Aktivität, Appetitverlust, Husten, die Entwicklung eines aufgetriebenen Bauches und Blutarmut.

Herzwürmer werden durch Mücken übertragen. Die Mücke saugt Blut bei einem infizierten Hund und nimmt auf diese Weise auch die Herzwurmlarven zu sich. Die Larven, die als Mikrofilarien bezeichnet werden,

Männlicher und weiblicher Hakenwurm Ancylostoma caninum.

Der Spulwurm Rhabditis.

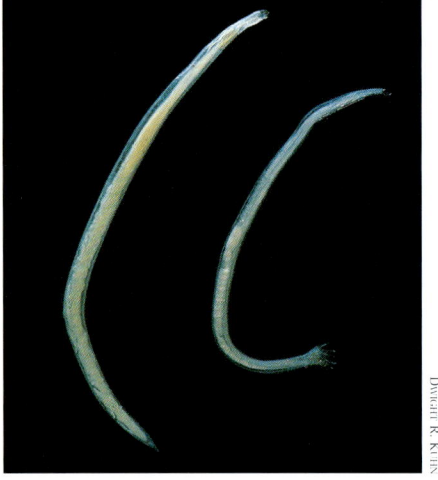

Dwight R. Kuhn

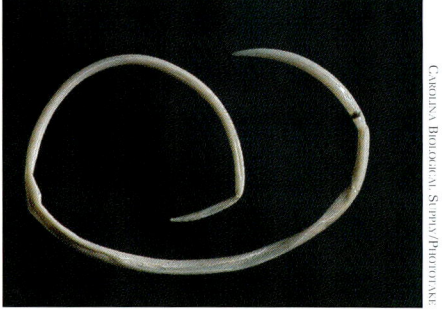

Carolina Biological Supply/Phototake

Wußten Sie schon?

Menschen, Ratten, Eichhörnchen, Füchse, Coyoten, Wölfe, Mischlings- und reinrassige Hunde sind alle anfällig für Spulwurminfektionen. Außer für Menschen sind Spulwürmer normalerweise nicht besonders gefährlich. Infizierte Individuen können bis zu 1.000 Parasiten beherbergen. Spulwürmer haben zwei Geschlechter (weiblich und männlich). Viele andere Wurmarten haben nur ein Geschlecht, sie sind weiblich und männlich in ein- und demselben Wurm. Wenn Hunde infizierte Ratten oder Mäuse fressen, wird der Spulwurm auf sie übertragen. Ungefähr einen Monat nachdem er die Eingeweide des Hundes befallen hat, beginnt der Wurm, Eier auszuscheiden. Sie können einige Monate ohne Wirtstier überleben.

entwickeln sich im Körper der Mücke und werden an den nächsten Hund, der nach der Ausreifung der Larve gebissen wird, weitergegeben. Es dauert zwei bis drei Wochen bis die Larven in der Mücke zum ansteckenden Stadium herangewachsen ist. Hunde sollten ab der sechsten Lebenswoche und von da an jedes halbe Jahr gegen den Herzwurm behandelt werden. In Deutschland haben Herzwurminfektionen bis vor einigen Jahren keinerlei Bedeutung gehabt. Seitdem aber Rassehunde für Zucht und Ausstellungen aus Amerika importiert werden und Tierliebhaber von ihren Urlaubsreisen herrenlose Hunde aus südlichen Ländern mitbringen, kommen Herzwurminfektionen mehr und mehr auch bei uns vor.

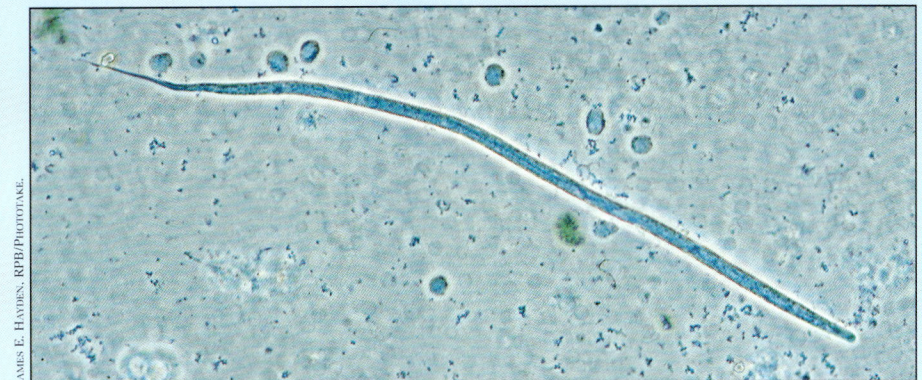

Der Herzwurm Dirofiliaria immitis.

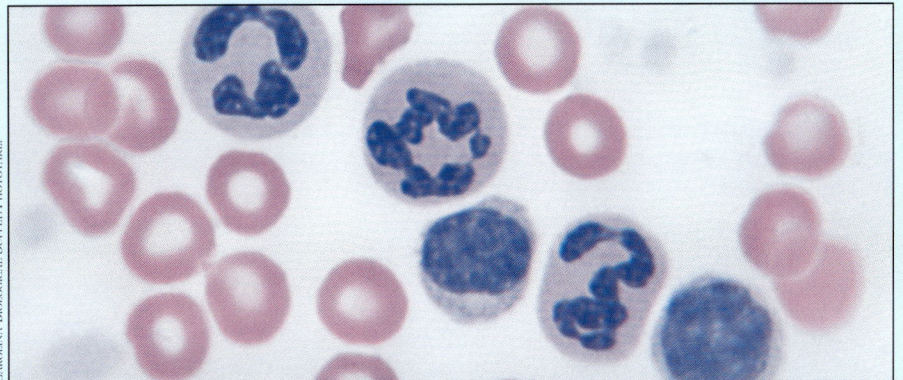

Vergrößerte Herzwurm- larven, Diofilaria immitis.

Das Herz eines Hun- des, der mit dem Herz- wurm in- fiziert ist, Diofilaria immitis.

135

 # Erste Hilfe
auf einen Blick

Verbrennungen
Halten Sie die verbrannte Stelle unter kaltes Wasser, bei kleinen Verbrennungen können Sie einen Eiswürfel benutzen.

Insektenstiche
Benutzen Sie Eis, um die Schwellung zu verringern. Bei Allergie muß Ihr Boxer sofort zum Tierarzt.

Tierbisse
Säubern Sie den blutenden Bereich, legen Sie evtl. einen Druckverband.

Verschlucken von Fremdkörpern
Den Hund nicht erbrechen lassen. Tierarzt anrufen.

Vergiftung mit Frostschutzmittel
Bringen Sie den Hund sofort zum Erbrechen mit Hilfe von Wasserstoffperoxid.

Angelhaken
Wird am Besten vom Tierarzt entfernt, er muß zum Entfernen zerschnitten werden.

Schlangenbisse
Für den seltenen, aber möglichen Fall. packen Sie Eis um den Biß, rufen Sie sofort den Tierarzt an und versuchen Sie die Schlange zu identifizieren.

Autounfall
Ziehen Sie den Hund mit Hilfe einer Decke von der Straße, suchen Sie sofort einen Tierarzt auf.

Schock
Beruhigen Sie den Hund, halten Sie ihn warm, suchen Sie sofort einen Tierarzt auf.

Nasenbluten
Legen Sie eine kalte Kompresse auf die Nase, bei sichtbaren Verletzungen üben Sie Druck aus.

Blutungen
Legen Sie einen Druckverband mit Hilfe eines Baumwollpäckchens an.

Hitzschlag
Kühlen Sie den Hund mit feuchten Tüchern, frischer Luft und kühlem Wasser. Suchen Sie einen Tierarzt auf.

Unterkühlung, Frostbeulen
Wärmen Sie den Hund mit einem warmen Bad auf, legen Sie ihn auf eine elektrische Heizdecke oder eine Wärmeflasche.

Schürfwunden
Säubern Sie die Wunde und waschen Sie die Wunde mit einem antiseptischen Mittel.

 Denken Sie daran, ein verletzter Hund kann versuchen, vor Angst und Schock die helfende Hand zu beißen. Legen Sie dem Hund immer einen Maulkorb an, bevor Sie ihn versorgen.

Dr. Dennis Kunkel, University of Hawaii

Dr. Dennis Kunkel, University of Hawaii

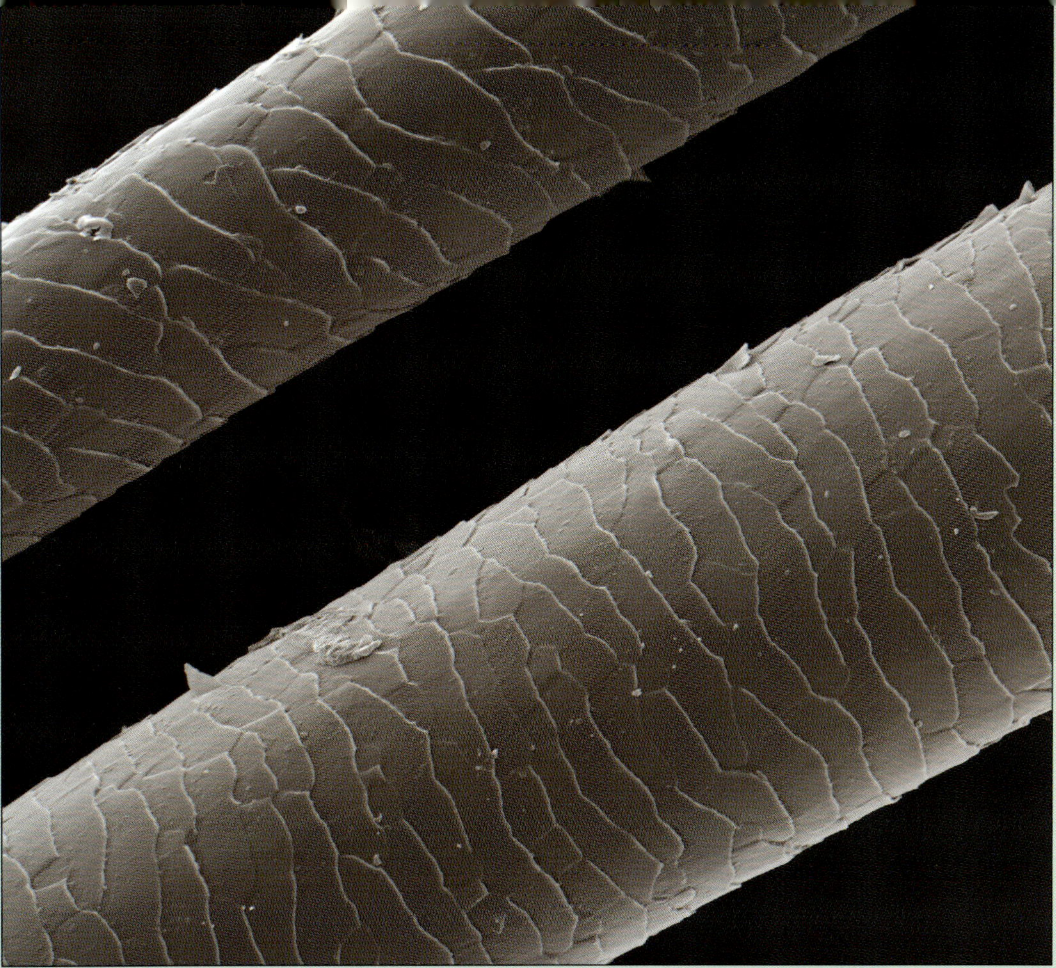

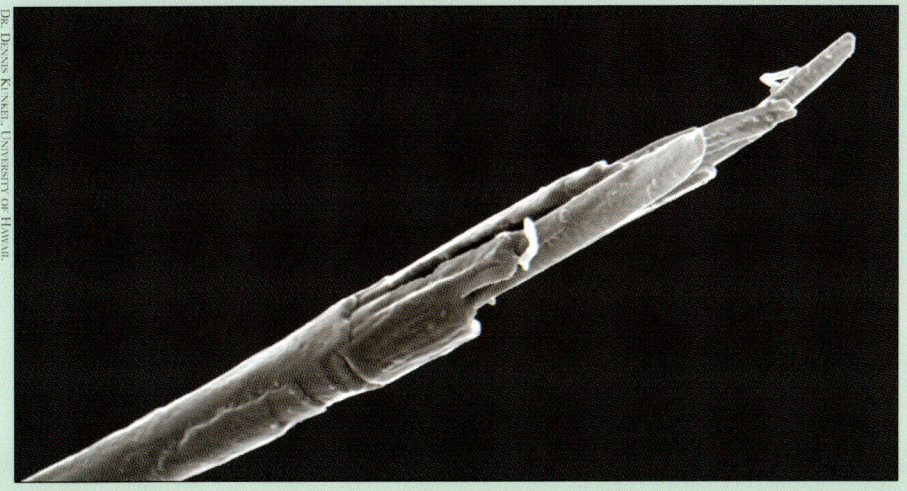

oben: Normales gesundes Boxerhaar, gekennzeichnet durch die glatte Außenschicht.
unten: Die Spitze eines Boxerhaares. Beachten Sie das gesplitterte Ende. Diese revolutionären mikroskopischen Aufnahmen wurden speziell für dieses Buch gemacht.

Wenn Ihr
Boxer alt wird

Der Begriff Alter ist ein qualitativer Begriff. Für Hunde wie auch ihre Besitzer ist Alter relativ. Natürlich können wir alle ohne Schwierigkeiten den Unterschied zwischen einem Boxer-Welpen und einem erwachsenen Boxer feststellen – es gibt offensichtliche Merkmale wie Größe, Erscheinungsbild und Wesensunterschiede, wie zum Beispiel den Gesichtsausdruck. Unfreundliche Welpen sind sehr selten. Welpen und junge Hunde spielen gerne mit Kindern. Die natürliche Lebhaftigkeit von Kindern harmoniert gut mit der anscheinend grenzenlosen Energie junger Hunde. Sie lieben es zu laufen, zu springen, zu jagen und zu apportieren. Wenn Hunde erwachsen werden und das Zusammensein mit Kindern weniger genießen wird oft gesagt, sie

Ältere Hunde lieben es immer noch, zu spielen und so Aufmerksamkeit von Ihrem Besitzer zu erhalten. Aber ihre physischen Fähigkeiten schwinden und sie werden durch das Alter langsamer.

sind zu alt, um mit den Kindern zu spielen.

Wenn ein Boxer andererseits jedoch nur von Leuten umgeben ist, die über sechzig Jahre alt sind, verläuft sein ganzes Leben weniger aktiv und es wird nicht so bald auffallen, daß er älter wird, da das Nachlassen seiner Aktivität nicht so deutlich ist.

Menschen können bis zu hundert Jahre alt werden, Hunde bis zu zwanzig Jahre. Obwohl dies eine gute Faustregel ist ist sie sehr ungenau. Wenn man versucht, Hundejahre und Menschenjahre zu vergleichen, kann man nicht alle Hunde über einen Kamm scheren. Sie können eine generelle Aussage treffen, indem Sie zum Beispiel sagen, daß elf Jahre ein gutes Alter für einen Boxer sind. Aber Sie können dies nicht mit einem Chihuahua vergleichem, da viele kleine Rassen gewöhnlich länger leben als große Rassen. Hunde werden im allgemeinen mit drei Jahren als erwachsen bezeichnet. Sie können sich jedoch bereits wesentlich früher fortpflanzen. Man kann also die ersten drei Jahre etwa mit sieben multiplizieren um ein vergleichbares Menschenalter zu errechnen. Das bedeutet, daß ein dreijähriger Hund mit einem einundzwanzig Jahre alten Menschen zu vergleichen ist. Wie die Vergleichskurve zeigt, gibt es keine genaue und allgemein gültige Regel, nach der Hunde- und Menschenjahre verglichen werden können. Der Vergleich wird auch dadurch

Achten Sie drauf!

Ein alter Hund zeigt eins oder mehrere der folgenden Symptome:

- das Fell in seinem Gesicht und an seinen Pfoten wird grau. Der Farbverlust beginnt gewöhnlich rund um die Augen und den Fang

- das Bewegungsbedürfnis wird mehr und mehr reduziert, der Hund kann sich beinahe weigern, an Spaziergängen teilzunehmen, die er früher so genossen hat

- die Futteraufnahme verringert sich

- seine Reaktion gegenüber rufen, pfeifen und anderen Signalen läßt mehr und mehr nach

- der Augenkontakt zeigt mehr Zurückhaltung und wird nicht wie früher von heftigem Schwanzwedeln begleitet.

Wenn an der Schnauze die Haare zu ergrauen beginnen, wird das Alter langsam näher rücken.

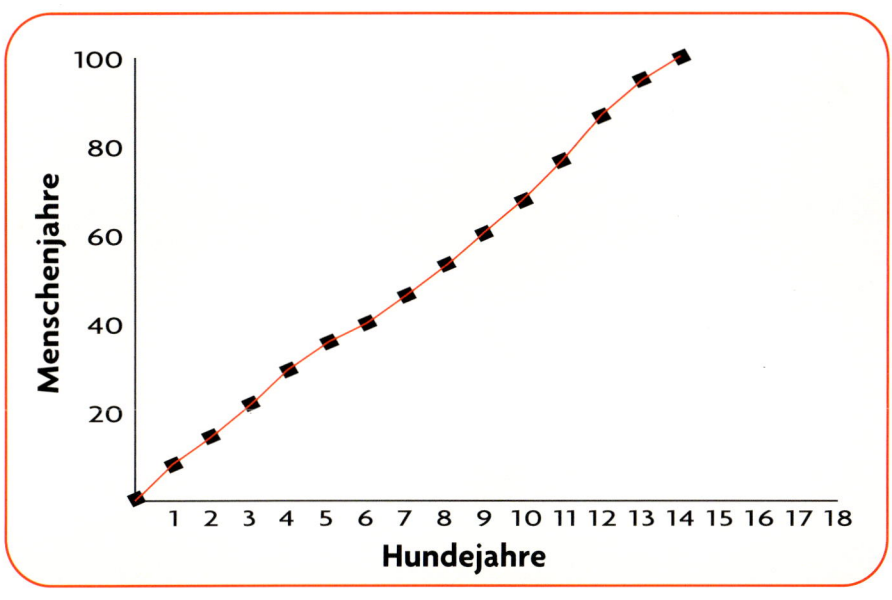

Ältere Boxer brauchen mehr Zeit um sich zu lösen als junge Hunde.

erschwert, daß nicht alle Menschen zur selben Zeit altern – Frauen leben länger als Männer.

Worauf Sie beim älteren Hund achten müssen

Die meisten Tierärzte und Verhaltensforscher bezeichnen das siebte Lebensjahr als den Punkt, ab dem ein Hund als Senior angesehen werden muß. Der Ausdruck Senior bedeutet nicht, daß Ihr Boxer ein Fall fürs Altersheim ist und anfängt, körperlich und geistig nachzulassen. Altern ist hauptsächlich ein Verlangsamungs-Prozeß. Menschen geben zu, daß sie einen Unterschied in ihrem Aktivitätslevel bemerken, wenn sie ihre Kraft im Alter von 20, 30 und 40 Jahren miteinander vergleichen. Wenn man den sieben Jahre alten Hund als Senior sieht, hat man die Möglichkeit, gewisse therapeutische und vorsorgliche Therapien mit Hilfe eines Tierarztes anzuwenden. Die Sorge für einen alten Hund verlangt zumindest zwei Tierarztbesuche pro Jahr, um den Gesundheitsstatus des Hundes zu überprüfen und festzustellen, ob die Ernährung immer noch ausreichend ist. Der Tierarzt wird sein Hauptaugenmerk auf das Herz Ihres Boxers richten, die Nieren untersuchen, evtl. auftretenden Zahnstein entfernen und die allgemeine Funk-

Achten Sie drauf!

Die vier unten aufgeführten Sypmtome treten nach und nach auf und werden langsam immer stärker. Sie sind nicht lebensbedrohlich, jedoch sollten Sie sie ernst nehmen und Ihren Tierarzt zu einem Gespräch aufsuchen:

- ◆ Ihr Hund jault und winselt wenn er sich bewegt und hört auf zu rennen
- ◆ Krämpfe beginnen oder werden häufiger und stärker. Der typische Krampf setzt ein, indem der Hund sich versteift und zu zittern beginnt während er sich nicht bewegen kann oder bewegen will. Er dauert zwischen fünf und dreißig Minuten
- ◆ mehr und mehr Stubenreinheits-Unfälle treten auf. Der Hund verliert Kot und Urin, ohne dies kontrollieren zu können
- ◆ Erbrechen tritt häufiger auf.

tionstüchtigkeit von Augen und Ohren kontrollieren.

Es ist sinnvoll, ein solches Vorsorgeprogramm durchzuführen, bevor Sie als Besitzer offensichtliche Zeichen des Alterns bemerken, wie zum Beispiel: Ergrauen, längere Schlafperioden, weniger Bewegungsdrang und Desinteresse am Spielen. Dieses Vorsorgeprogramm verspricht ein längeres und gesünderes Leben für den alternden Hund. Unter den häufig vorkommenden körperlichen Problemen des alten Hundes sind zum Beispiel das Nachlassen der Sehfähigkeit, Gelenkentzündung, Leber- und Nierenprobleme und Herzkrankheiten zu nennen.

Zusätzlich zu den genannten körperlichen Schwierigkeiten gibt es jedoch auch psychische Veränderungen beim alten Hund, die Probleme verursachen können. Hunde die schlecht hören und sehen, Zahnschmerzen oder Gelenkschmerzen haben, können aggressiv werden. Außerdem kann der fast taube oder blinde Hund sich leichter erschrecken und auf diese unerwarteten Situationen ängstlich reagieren. Alte Hunde, deren Hirnleistung nachläßt, werden häufig ungeduldig und schreckhaft. Es kann zu „Unfällen" mit der Stubenreinheit kommen, verursacht durch weniger Beweglichkeit, Nierenprobleme, Verlust der Schließmuskelkontrolle, Veränderungen im Gehirn und Reaktionen auf Medikamente. Ältere Hunde leiden, wie Welpen, unter Trennungsangst, welche zu exzessivem Bellen, Jaulen, Verschmutzen des Hauses und zerstörerischem Verhalten führen kann. Ein alter Hund kann sich plötzlich vor alltäglichen Geräuschen fürchten, wie zum Beispiel vor dem Staubsauger, Gewitter oder Straßenverkehr.

Manche Hunde haben Schlafstörungen, nächtliche Unruhe oder das Bedürfnis nach häufigem Harnlassen. Sie als Besitzer sollten es vermeiden, dem Hund zu viele fetthaltige Leckerbissen zu geben. Fettsucht ist ein häufiges Problem bei alten Hunden und vermindert ihre Lebensspanne beträchtlich. Halten Sie den alten Hund so schlank wie möglich, da jedes zusätzliche Pfund an Gewicht die inneren Organe mehr belastet. Manche Züchter empfehlen das Hundefutter mit zusätzlichen Gaben von Rohfaser – die wenig Protein enthält – anzureichern. Sie können problemlos frisches Gemüse zum Futter Ihres alten Boxers hinzufügen. Es ist schmackhaft und gesund. Tierärzte bieten häufig auch spezielle Diäten für alte Hunde an.

Wenn Ihr Hund alt wird, braucht er die Geduld und gute Pflege seines Besitzers mehr denn je. Bestrafen Sie einen alten Hund niemals für einen Unfall oder seltsames Verhalten. Für all die Jahrem in denen Ihr Hund Ihnen Liebe, Kameradschaft und

Wußten Sie schon?

Im Grunde ist es so, ein Hund wird alt, wenn Sie denken, er ist alt. Er reduziert seine Aktivitäten, läuft weniger und frißt weniger. Seine Aktivität reduziert, weniger läuft, weniger frißt und weniger apportiert. Auf der anderen Seite nehmen andere Aktivitäten zu. Er schläft mehr, er leckt Ihnen häufiger die Hand, er bellt häufiger und er wiederholt häufiger alte Gewohnheiten, wie zum Beispiel zur Türe gehen, ohne gerufen zu werden, sobald Sie Ihren Mantel anziehen.

Ihr alternder Boxer verdient alle Zeit und Liebe, die Sie ihm geben können.

Schutz geschenkt hat, verdient er spezielle Aufmerksamkeit und Pflege. Vielleicht muß Ihr alter Hund sich um drei Uhr nachts lösen, weil er nicht länger acht Stunden lang einhalten kann. Vielleicht möchte Ihr alter Freund ein eigenes Sofa oder einen eigenen Sessel haben, von dem aus er gemütlich die Familie beobachten kann. Obwohl es vielleicht scheint als ob er nicht mehr sehr interessiert an Ihrer Aufmerksamkeit und Ihrem Streicheln ist, wird er jedoch immer noch dankbar für die liebevolle Zuwendung sein, die Sie ihm geben.

WENN DIE ZEIT GEKOMMEN IST

Es ist niemals ein Zeitpunkt mit dem Sie gerechnet haben, wenn Sie die Entscheidung treffen müssen, Ihren Hund einschläfern zu lassen. Man sieht deutlich, daß Sie Ihren Boxer lieben, sonst würden Sie dieses Buch nicht lesen. Einen geliebten Hund einschläfern zu lassen, ist sehr schwierig. Es ist eine Entscheidung, die von Ihnen und dem Tierarzt Ihres Vertrauens gemeinsam getroffen werden muß. Wenn eins der oben aufgeführten lebensbedrohlichen Symptome ernst genug wird, daß Sie den Tierarzt aufsuchen müssen, rückt der Zeitpunkt, an dem es für Sie notwendig wird, eine Entscheidung zu treffen, immer näher. Wenn die Prognose der Krankheit vermuten läßt, daß das Ende nahe ist, Ihr geliebtes Haustier nur noch leidet und keine Aussicht besteht, daß es wieder sein Wohlbefinden zurückgewinnen kann, gibt es keine andere Wahl als Euthanasie.

Was ist Euthanasie?

Euthanasie kommt aus dem Griechischen und bedeutet: guter Tod. Mit anderen Worten: Es ist die geplante schmerzlose Tötung eines Hundes, der an einer schmerzhaften unheilbaren Krankheit leidet oder der so alt ist, daß er nicht mehr laufen, sehen oder fressen kann. Euthanasie wird gewöhnlich durchgeführt, indem dem Hund eine Überdosis eines Narkose- oder Beruhigungsmittels gespritzt wird. Neben dem Einstich der Nadel gibt es bei diesem Verfahren für ihn keine Schmerzen.

Und Sie?

Die Zeit, in der Sie merken, daß Ihr Hund immer schwächer und kränker wird und die Notwendigkeit einer entgültigen Entscheidung immer näher rückt, wird für Sie eine sehr schwierige Erfahrung bedeuten. Wenn es das erste Mal ist, daß Sie mit dem näherrückenden Tod eines geliebten Haustieres konfrontiert werden, könnte es hilfreich für Sie sein, mit Leuten zu sprechen, die diese Erfahrung ebenfalls gemacht haben, um Ihnen die Bürde der Entscheidung etwas zu erleichtern.

Ist die Entscheidung unausweichlich gefallen, sollten Sie Ihrem Hund seine letzten Lebensminuten so angenehm wie möglich machen. Es ist Ihrem langjährigen Freund und Begleiter gegenüber nicht fair, wenn Sie ihn einfach der Tierarzthelferin in die Hand drücken und so schnell wie möglich die Praxisräume verlassen weil Sie „es nicht mit ansehen können". Bitten Sie Ihren Tierarzt um einen Hausbesuch. Lassen Sie Ihren alten Boxer in seinem gewohnten Körbchen liegen, nehmen Sie ihn in den Arm und füttern Sie ihn mit Leckerbissen. Auf diese Art wird ein sehr alter oder sehr kranker Hund die

CDS: COGNITIVES DYSFUNCTIONS-SYNDROM
„Alter-Hund-Syndrom"

Es gibt viele Arten, wie sich das „Alter-Hund-Syndrom" äußert. Tierärzte haben CDS definiert als das langsame Nachlassen der cognitiven Fähigkeiten. Diese zeigen sich durch Verhaltensänderungen beim Hund. Wenn ein Hund sein Verhalten stark ändert und Krankheiten als Ursache dieser Verhaltensänderungen auszuschließen sind, dann ist CDS die wahrscheinlichste Diagnose.

Mehr als die Hälfte aller Hunde über acht Jahre leiden unter einer Form von CDS. Je älter der Hund, desto größer ist die Wahrscheinlichkeit, daß er CDS entwickelt. Beim Menschen bezeichnen die Ärzte häufig das CDS-Verhalten als einen Teil des allgemeinen Abbaus.

Es gibt vier Hauptanzeichen für CDS:

häufiger auftretende Toiletten-Unfälle im Haus, schläft viel mehr oder viel weniger als gewöhnlich, verhält sich verstört und reagiert falsch auf soziale Stimulanzien.

SYMPTOME VON CDS

HÄUFIGE STUBENREINHEITS-UNFÄLLE
- *uriniert im Haus*
- *kotet im Haus*
- *zeigt nicht, daß er nach draußen gehen will*

SCHLAFMUSTER
- *bewegt sich viel langsamer*
- *schläft mehr als normal während des Tages*
- *schläft weniger während der Nacht*
- *tappt herum ohne erkennbares Ziel*

VERWIRRUNG
- *geht nach draußen und steht dann nur dort*
- *sieht verwirrt aus mit einem entfernten Blick in den Augen*
- *versteckt sich öfter*
- *erkennt Freunde nicht*
- *kommt nicht, wenn er gerufen wird*

FEHLERHAFTE ANTWORT AUF SOZIALE REIZE
- *kommt weniger häufig zu Menschen, ob er gerufen wird oder nicht*
- *akzeptiert Streicheln nur für kurze Zeit*
- *kommt nicht zur Tür, wenn Sie von der Arbeit heimkehren*

143

Spritze des Tierarztes gar nicht richtig wahrnehmen. Bleiben Sie bei ihm, bis der Tierarzt die Herztöne kontrolliert und Ihnen eindeutig gesagt hat, daß die Schmerzen und Leiden Ihres Hundes jetzt vorbei sind.

Und danach?
Sie können Ihren Hund auf Ihrem eigenen Grundstück begraben. Zum Schutz des Grundwassers sind hierbei einige Bestimmungen einzuhalten, die von Ort zu Ort unterschiedlich sein können; erkundigen Sie sich also bei Ihrer Gemeindeverwaltung. Es gibt jedoch auch die Möglichkeit, den toten Hund vom Tierarzt beseitigen zu lassen. In allen Städten existieren sogenannte Kadaver-Sammelstellen, in denen tote Haustiere verwertet werden. Aus Amerika zu uns herüber gekommen ist die Möglichkeit eines regelrechten Begräbnisses auf einem Hundefriedhof. In Großstädten, wie zum Beispiel München oder Berlin, gibt es bereits Tierfriedhöfe, deren Anlage den Menschenfriedhö-

> **Achten Sie drauf!**
> Je offener Sie über den Tod Ihres Hundes schon vorher sprechen, umso leichter wird es für Sie sein, wenn die Zeit gekommen ist.

fen ähnlich ist. Dies ist eine Entscheidung, die jeder Hundebesitzer für sich persönlich treffen muß.

Ein neuer Hund?
Der Schmerz über den Verlust Ihres geliebten Hundes kann genau so stark sein, wie der Schmerz über den Verlust eines menschlichen Freundes. Mann kann nicht losgehen und sich einen neuen Freund kaufen, aber man kann gehen und sich wieder einen Boxer anschaffen. In den meisten Fällen wird ein Hund, der an Altersschwäche gestorben ist, vorher schon merklich ruhiger gewesen sein. Wollen Sie sich jetzt wieder einen Boxer-Welpen anschaffen oder würde ein erwachsener Boxer, vielleicht zwei

Es gibt Friedhöfe für Tiere.

Zusammen alt werden. Diese zwei alten Kameraden kommen miteinander bestens klar.

bis drei Jahre alt, der bereits stubenrein ist und eine ausgereifte Persönlichkeit hat, besser in Ihre Familie passen?

In diesem Fall können Sie recht schnell herausfinden, ob Sie mit dem älteren Hund harmonieren. Die Entscheidung bleibt natürlich Ihnen überlassen. Wollen Sie wieder einen Boxer? Vielleicht denken Sie, daß ein größerer oder kleinerer Hund angenehmer wäre. Wieviel wollen Sie für Ihren Hund ausgeben? Sie sollten diese Entscheidung genau so sorgfältig treffen wie beim ersten Mal, als Sie sich für einen Boxer entschieden haben. Sie könnten ins Tierheim gehen, in dem gerade in der letzten Zeit immer häufiger große Rassen, so auch Boxer, zu finden sind. Sie könnten einen Mischling auswählen oder aus dem Tierheim einen anderen Rassehund holen. Für fast alle Rassehunde gibt es auch von den Rassehunde-Verbänden ausgehende Initiativen, die Hilfe für in Not geratene Tiere anbieten. Vielleicht gibt es dort für Sie einen neuen Boxer-Freund, der Sie die nächsten Jahren begleiten kann.

Wie auch immer Sie sich entscheiden, tun Sie es so schnell wie möglich. Die meisten Menschen kaufen wieder dieselbe Rasse die sie vorher hatten, weil sie die Eigenschaften der Rasse kennen und lieben. Sie kennen auch oft Menschen, die dieselbe Rasse halten. Vielleicht erwartet einer Ihrer Freunde in naher Zukunft einen Wurf seiner Hündin. Was könnte besser sein?

Mit dem Boxer zur Ausstellung

Ihr Boxer-Welpe ist zu einem gut entwickelten und -erzogenen Hund herangewachsen. Nun wollen Sie vielleicht auch an einer Hundeausstellung teilnehmen und einen Preis gewinnen. Auch wenn Sie sich nicht vorstellen, jemals im Endring der Show zu stehen, warum sollten Sie nicht ein bißchen davon träumen?

Das Erste, das der Neuling im Hundewesen lernt, wenn er eine Hundeausstellung beobachtet, ist, daß jede Rasse zuerst mit Mitgliedern der eigenen Rasse verglichen wird. Wenn der Richter den besten Vertreter jeder Rasse herausgefunden hat, wird dieser Hund gegen andere Hunde in seiner Gruppe antreten. Zum Schluß konkurrieren die Gruppenbesten um den Titel „Best in Show" und „Reserve Best in Show".

Das nächste das Sie erkennen müssen, ist, daß im Grunde nicht wirklich die Hunde miteinander konkurrieren. Der Richter vergleicht jeden Hund mit dem Rassestandard, der eine Beschreibung des idealen Rassevertreters darstellt. Dieser imaginäre Hund ist niemals im Ausstellungsring präsent gewesen, wurde niemals gezüchtet und zum große Kummer der Hundezüchter auf der ganzen Welt, existiert er nicht wirk-

lich. Die Züchter versuchen, so nah wie möglich an dieses Ideal heranzukommen.

Wenn Sie daran interessiert sind, Ihren Boxer auszustellen, ist es am besten, wenn Sie einer Boxer-Club-Ortsgruppe beitreten. Der Boxer-Club kann Ihnen die Regeln und Anforderungen für all diese Gelegenheiten und auch für alle

Mit Training und Geduld können Sie es lernen, mit Ihrem Boxer zu Ausstellungen zu gehen.

Wenn Sie einen Welpen von Ausstellungsqualität haben, beginnen Sie mit dem Schautraining bereits im Alter von drei Monaten.

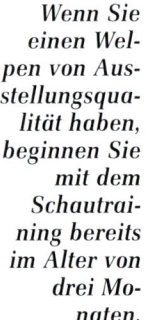

Amerikanischer Champion Jacquet's Black Watch, Bill Scolnik's hochprämierter Champion. Er wird als außergewöhnlich schöner Hund angesehen. Züchter: Richard Tomita.

bürokratischen Gegebenheiten, die mit Ihrem Hund zu tun haben, nennen.

Ausstellungswesen im Ausland

Der Kennel-Club, dessen Einzugsbereich Großbritannien, Australien, Südafrika und mehr umfaßt, bietet verschiedene Arten von Ausstellungen an. Die größte Ausstellung, die einmal jährlich in Birmingham abgehalten wird, umfaßt ungefähr 20.000 der besten Hunde aus Großbritannien, die sich qualifiziert haben, um an dieser vier Tage dauernden Mammut-Veranstaltung teilzunehmen.

Die anderen Arten von Ausstellungen, die unter der Herrschaft des Kennel-Clubs veranstaltet werden, sind die Championship-Schauen. Dabei kann ein Hund eine Challenge-Anwartschaft erringen und so ein Champion werden. Er braucht drei Challenge-Anwartschaften unter drei verschiedenen Richtern, um vor seinen Namen den Titel Champion setzen zu

dürfen. Für einige Rassen ist es außerdem Pflicht, an einer Jagdprüfung teilzunehmen, um den Titel eines Champions zu erringen. Challenge-Anwartschaften werden nur an einen sehr geringen Prozentsatz der angetretenen Hunde verliehen und die Anzahl von Anwartschaften, die in einem Jahr

Englischer und Amerikanischer Champion „Jacquet's Dreams of Loriga", der der Dotorovici-Familie gehört, ist mit Sicherheit ein beeindruckender Vertreter seiner Rasse, Züchter: Richard Tomita.

verliehen werden können, richten sich nach der gesamten Anzahl der Hunde jeder Rasse, die zur Ausstellung gemeldet sind. Es gibt zwei Arten von Championship-Schauen, zum Einen die generellen Schauen, an denen alle Rassen, die vom Kennel-Club anerkannt sind, teilnehmen kön-

nen, zum Anderen die Spezialzuchtschauen zu denen nur jeweils eine einzige Rasse zugelassen ist. Bei offenen Schauen herrscht im Allgemeinen etwas weniger Konkurrenzkampf; sie werden häufig als Übungsschauen für junge Hunde benutzt. Diese Schauen, von denen es Hunderte im Jahr gibt, können einladende Zusammenkünfte sein und sind sicherlich großartige Erstausstellungs-Experimente für den Neuling. Wenn man Lust hat, ein bißchen ins Ausstellungswesen hineinzuschnuppern, ist eine offene Schau sicherlich eine gute Wahl.

Ausstellungswesen in Deutschland

In Deutschland gibt es ebenfalls verschiedene Arten von Ausstellungen. Vom Boxer-Club werden Schauen veranstaltet, zu denen ausschließlich Boxer zugelassen sind. Diese können einerseits als Ortsgruppenschauen auf niedrigstem Level stattfinden, jedoch andererseits, zum Beispiel als Landesgruppenschauen, auch einen guten Überblick über das generell in einem Bundesland vorhandene Zuchtmaterial bieten. Um zur Teilnahme an einer solchen Schau zugelassen zu werden muß Ihr Boxer Boxer-Club-Papiere haben, geimpft sein, vor allen Dingen gegen Tollwut, jedoch zu seinem eigenen Schutz auch gegen die anderen, häufig vorkommenden Infektionskrankheiten. Vom Fell- und Pflegezustand her sollte Ihr Boxer einen hervorragenden Eindruck machen. Die Ausstellungen sind in

Neben der persönlichen Befriedigung, einen Champion-Hund zu besitzen, gibt es viele Pokale, Schleifen und Plaketten.

verschiedene Klassen eingeteilt: Die Jugendklasse, in der Hunde im Alter von neun bis achtzehn Monaten gemeldet werden können, die Offene Klasse für Hunde ab 12 Monaten ohne Siegertitel und ohne Leistungsprüfung, die Champion-Klasse, in der Hunde gemeldet werden können, die bereits einen Siegertitel errungen haben, die Gebrauchshunde-Klasse, in der Hunde gemeldet werden können, die eine Prüfung erfolgreich abgelegt haben und die Veteranen-Klasse. In diesen Klassen werden jeweils die Rüden und Hündinnen getrennt bewertet und zum Schluß wird aus den besten Vertretern jeder Klasse der beste Boxer ermittelt. In der Jungendklasse wird perfektes Verhalten von Ihrem Hund sicherlich noch nicht erwartet. Später jedoch muß er so gut trainiert sein, daß er sich im entscheidenden Moment optimal dem Richter präsentiert. In Deutschland gibt es Ausstellungen, zu denen alle Rassen zugelassen sind, die sogenannten CACIB-Schauen. Auf diesen Ausstellungen können die Anwartschaften für den „Internationalen Champion" errungen werden. Es werden mehrere Anwartschaften unter verschiedenen Richtern, für den „Internationalen Champion" sogar aus verschiedenen Ländern, gefordert. Die bekanntesten Ausstellungen für alle Rassen sind die im Frühjahr und Herbst in Dortmund stattfindenden Europasieger- und Bundessieger-Zuchtschauen. Auf diesen Schauen kann außer der Anwartschaft der Titel Europa- oder Bundessieger direkt errungen werden. Dazu kommen Hunde aus dem gesamten Bundesgebiet und aus dem Ausland, so daß der Konkurrenzkampf recht hart ist. Sowohl für den Hund als auch für Sie als Besitzer ist es sicher vernünftiger, mit einer

Das Ausstellen Ihres Boxers erfordert eine gewisse physische Belastbarkeit auch bei Ihnen. Das Gangwerk des Boxers ist wichtig für seine Bewertung durch den Richter.

der einfacheren Schauen zu beginnen. Sie sollten sich ein bißchen in den Hintergrund stellen und die Anforderungen, die der Richter an die einzelnen Hunde stellt, genau beobachten. Es ist viel besser, wenn Sie sich im Hintergrund halten und beobachten, wie die einzelnen Aussteller sich verhalten. Zunächst läßt der Richter jeden Hund stellen. Was hoffentlich alle Aussteller so bewerkstelligen, daß der Hund von

Teilnahme an einer Ausstellung

1. Fordern Sie einen Meldeschein bei der Ausstellungsleitung an
2. Stellen Sie fest, in welcher Klasse Sie Ihren Hund melden müssen und füllen Sie den Meldeschein aus.
3. Kontrollieren Sie, ob der Hund für den Tag der Ausstellung eine gültige Tollwut-Impfung besitzt.
4. Senden Sie den Meldeschein rechtzeitig ab.

149

Die berühmte Jacquet-Boxerlinie ist bekannt für ihre Intelligenz und ihr freundliches Temperament, wie auch für den wunderbaren Gesichtsausdruck.

seiner vorteilhaftesten Seite präsentiert wird. Der Richter wird den Hund aus verschiedenen Entfernungen und verschiedenen Blickwinkeln betrachten, dann zu ihm hingehen, die Zähne kontrollieren und das allgemeine Erscheinungsbild des Hundes mit den Händen überprüfen. Hierbei erfühlt der Richter die Bemuskelung und allgemeine Kondition des Hundes und sieht außerdem aus der Nähe, wie nah der Hund an den Standard herankommt. Über die Abfolge der einzelnen Bewegungsrichtungen informiert der Richter den Aussteller, so daß er den Hund von vorne, von hinten und von der Seite in Bewegung beurteilen kann. Zum Schluß wird der Richter den Hund noch einmal kurz anschauen, bevor er sich dem nächsten zuwendet.

Wenn Sie auf Ihrer ersten Ausstellung nicht gleich unter den ersten Dreien sind, seien Sie nicht enttäuscht! Üben Sie mit Ihrem Boxer, es kommt im Ring oftmals auf Sekunden an, in denen der

Einige nützliche Adressen

Sie können Informationen über Hundeausstellungen von folgenden Zucht- und Dachverbänden erhalten:

Boxer-Klub e. V., Sitz München, gegr. 1895, Veldener Straße 64 + 66, 81241 München, Tel. 089/546708-0, Fax 089/546708-20.

Fédération Cynologique Internationale, 14 Rue Leopold II, B-6530 Thuin/Belgien

The Kennel Club, 1-5 Clarges Street, Piccadilly, London W1Y 8AB, UK www.the-kennel-club.org.uk

American Kennel Club, 5580 Centerview Drive, Raleigh, NC 27606-3390, USA www.akc.org

Der Südafrikanische Champion „Osiris vom Okeler Forst" unterscheidet sich etwas von den europäischen und amerikanischen Boxern.

150

Richter sich Ihrem Hund zuwendet und Ihr Hund sich optimal präsentieren muß. Mit Geduld und viel Training werden Sie sicher eines Tages in vorderster Linie stehen. Wenn Sie feststellen, daß Ihr Hund niemals eine positive Bewertung bekommt, müssen Sie sich vielleicht eingestehen, daß er sich für die Ausstellung nicht unbedingt eignet. Dann sollten Sie eine andere Beschäftigung für sich und Ihren Freund suchen.

Arbeitsprüfungen

Die verschiedenen Arbeitsprüfungen können vom jedem gut erzogenen Hund einer Gebrauchshunde-Rasse abgelegt werden. Die Schutzhund-Prüfung Stufe 1 darf frühestens im Alter von achtzehn Monaten abgelegt werden. Sie teilt sich in drei Bereiche, Fährtenarbeit, Unterordnung und Schutzdienst. In der Fährte muß der junge Boxer eine 350 bis 400 Schritt lange, mindestens zwanzig Minuten alte Fährte seines eigenen Hundeführers, zwei Gegenstände, an zehn Meter langer Leine oder freisuchend, finden und verweisen. In der Unterordnung werden für das Erreichen der Schutzhund-Prüfung 1 die Leinenführigkeit, die Freifolge ohne

Terminologie
in deutschen Ahnentafeln
Fährtenhund (FH): eine fortgeschrittene Prüfung beim Spurensuchen
Gekört: zugelassen zur Zucht
Gekört auf Lebenszeit: Zuchtzulassung bis zum neunten Lebensjahr bei Rüden, bis zum achten Lebensjahr bei Hündinnen
Internationale Prüfungsordnung (IPO): Internationale Wettkämpfe für Fährtensuche, Unterordnung und Schutzdienst
Körung: Prüfung auf alle Erfordernisse für die Zucht, Gesundheit, Wesensfestigkeit und Ausbildungskennzeichen
Leistungszucht (LS): Eltern und Großeltern haben Schutzhunde-Prüfung und Körung
Schutzhund (SchH): Arbeitshunde-Titel, der die Bereiche Fährte, Unterordnung und Schutzdienst umfaßt
Wachhund (WH): Ausbildungskennzeichen, bei der Prüfung wird kein Schutzdienst verlangt
Zuchttauglichkeitsprüfung (ZTPR): deutscher Test zur Zuchterlaubnis.

„Olimpio del Colle dell' Infinito", im Besitz von Alessando Tanoni, ist ein wunderbares Beispiel für einen italienischen Boxer.

Sadeo Kikuchi's Japanischer Champion „Cherry Heim Bushu Jacquet", erzüchtet aus Rick Tomita's amerikanischen Exportlinien.

Norwegischer Champion „Astovega Opuntia", im Besitz von Cecile Stromstad und Henning Lund.

„Impala vom Okeler Forst", SchH1, AD, ein Best-In-Show-Gewinner im Besitz von Ralf Brinkmann Deutschland, hält den Titel Welt-Jugend-Champion.

„Tenor de Loermo", von Ernesto Molins und Juan Barcelo, Valencia/Spanien, 1994 Weltbester Europäischer Jugendhund.

Champion „Canara Coast Alaska", im Besitz von Nita Dahr, Dehli, zeugte fünf Champion-Nachkommen

Leine, wobei der Hund auch auf seine Schußfestigkeit geprüft wird, die Sitzübung, das Ablegen in Verbindung mit Herankommen, das Bringen eines Gegenstandes auf ebener Erde und das Bringen über eine ein Meter hohe Hürde, das Voraussenden mit Hinlegen sowie zum Schluß das Ablegen des Hundes unter Ablenkung geprüft. Im dritten Prüfungsteil, dem Schutzdienst, muß der Hund eine Streife nach dem Helfer gehen, das Stellen und Verbellen einer verdächtigen Person, das Vereiteln eines Überfalls auf seinen Hundeführer und das Verfolgen und Stellen des Helfers als Mutprobe zeigen. In den Teilen A und B muß der Hund zum Bestehen der Prüfung mindestens 70 von 100 Punkten, im Teil C 80 Punkte erreichen. Für die Schutzhundprüfung 2 wird die Fährte auf 600 m verlängert, muß mindestens 30 Minuten liegen und der Gegenstand wird nicht vom Hundeführer selbst gelegt. In der Unterordnung sollen die einzelnen Übungen, wie bei der Schutzhund-Prüfung 1, korrekt gezeigt werden. Hinzu kommt der Klettersprung über die Schrägwand von 1,60 m Höhe und das Bringen eines Gegenstandes über die Schrägwand zum Hundeführer. Der Schutzdienst wird für die Schutzhund-Prüfung 2 stark erweitert, der Hund muß jetzt sechs Verstecke nach dem Helfer absuchen, das Stellen und Verbellen bleibt gleich, ebenso Flucht und Abwehr. Neu ist der Rücktransport, hier fordert der Hundeführer den Helfer auf, vorauszugehen und ruft seinen Hund bei Fuß. Der Hundeführer folgt dem Figuranten mit seinem Hund in einem Abstand von fünf Schritten. Aus diesem Rücktransport heraus erfolgt ein Überfall auf den Hundeführer mit Mutprobe, bei dem der Hund angriffsartig mit einem biegsamen Stock in der Hand des Figuranten mit drohenden Bewegungen abgewehrt wird. Hiervon darf sich der Boxer nicht beeindrucken lassen, er muß jedoch bei allen Übungen auf das Hörzeichen „Aus" sofort dem Hetzarm loslassen und den Helfer sitzend oder liegend bewachen.

Für die Schutzhund-Prüfung 3 werden die Anforderungen an den Hund in allen drei Disziplinen noch mehr gesteigert. Für die Ausbildung Ihres Boxers zum Schutzhund brauchen Sie die Unterstützung einer qualifizierten Ortsgruppe. Sowohl in der Fährte als auch in der Unterordnung sollte ein Übungswart zur Verfügung stehen, der nicht nur in der Lage ist, Ihnen die Ausbildungsmethoden zu vermitteln, sondern auch fähig sein sollte, zu erkennen, auf welche Ausbildungsmethoden Ihr Hund am besten anspricht und wo seine Grenzen sind. Der Schutzdiensthelfer trägt eine große Verantwortung, für den Prüfungserfolg als auch für die Art der Ausbildung, die auch einen Einfluß auf das Verhalten Ihres Hundes außerhalb des Übungsplatzes haben kann.

Bei beiden Arten ist es sehr wichtig, daß der Hund fest in der Hand des Hundeführers ist. Die Motivation über den Kampftrieb birgt bei einem Hund mit der Abstammung und dem geschichtichen Hintergrund des Boxers die zusätzliche Gefahr, daß er in anderen Situationen das Verhalten von Menschen mißversteht und somit aggressiv reagiert. Daher sollte diese Ausbildung heutzutage nach Möglichkeit vermieden werden. Hier sind Sie wieder darauf angewiesen, daß ein erfahrener Ausbildungswart Sie frühzeitig auf die Grenzen und Fähigkeiten Ihres Hundes aufmerksam macht.

Der natürliche Schutz- und Wachtrieb

Der erste unkupierte Champion-Boxer auf der Welt, der Norwegische Champion „Boxerhavens Born for Adventure", Besitzer Jorunn Selland. Champion „Newlaithe Marietta", Besitzer ist Christine Beardsell von Hudderfield/ England.

Newlaithe Tex Style, im Alter von sieben Monaten, ist im Besitz von Christine Bardsell.

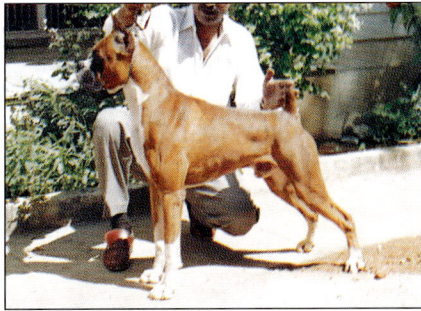

Indischer Champion Aryanoush's Vendetta 1995 „Dog of the Year" Top-Boxer 1996 in Indien. Besitzer N. Adil Mirza.

Ihr Boxer kann auf Hundeausstellungen in verschiedenen Klassen gemeldet werden. Finden Sie heraus, welche für Sie am besten paßt.

Englischer Champion „Newlaithe High Fashion" hat den perfektesten Boxerkopf in England, behauptet sein Besitzer, Patrick Beardsell.

Ihres Boxers hängt nicht von einer Schutzhund-Ausbildung ab. Ein Boxer, der sich als Mitglied Ihres Familienrudels ansieht und seinen Platz in diesem Rudel kennt, wird auch ohne Ausbildung dazu bereit sein, dieses Rudel und sein Eigentum nach allen Kräften zu verteidigen.

Agility

Der Richter untersucht den Fang des Boxers um sicher zu gehen, daß der Zahnverschluß korrekt ist und alle Zähne vorhanden sind.

Agility-Wettkämpfe gibt es seit 1977 und haben sich inzwischen über die ganze Welt verbreitet. Der Hundeführer dirigiert seinen Hund durch einen festgelegten Parcours, der sowohl Sprünge als auch Wippen, Slalom, Reifen, Röhrentunnel, zusammengefaltete Tunnel usw. enthält. Der englische Kennel-Club entschied, daß das Mindestalter für Agility zwölf Monate betragen muß. Es ist ein großer Spaß für Hund und Besitzer und interessierte Hundebesitzer sollten Mitglied in einem Club werden, der einen Parcours hat. Auch hier sollte wieder ein erfahrener Trainer Ihnen und Ihrem Hund

den Umgang miteinander und mit den Hindernissen erklären.

FÉDÉRACION CYNOLOGIQUE INTERNATIONALE (FCI)

Die Fédéracion Cynologique Internationale wurde 1911 gegründet und ist der Welt-Zuchtverband, der Einheit in die Zucht, das Richter- und Ausstellungswesen reinrassiger Hunde bringt.

Obwohl die FCI ursprünglich nur europäische Mitglieder hatte, umfaßt die Organisation heute alle Kontinente und betreut über vierhundert Hunderassen. Die Hauptgeschäftsstelle befindet sich nach wie vor in Belgien. Es gibt drei Titel, die von der FCI verliehen werden; der Internationale Champion, der Internationale Schönheits-Champion, der durch Anwartschaften in verschiedenen Ländern errungen werden muß und der Internationale-Arbeits-Champion, der auf der Teilnahme an Gehorsamswettkämpfen in verschiedenen Ländern basiert. Die Quarantänebestimmungen mancher Länder behindern die Teilnahme dieser an den Ausstellungen der europäischen Union. Die FCI sponsort sowohl nationale als auch internationale Ausstellungen. Das Gastgeberland stellt das Richtersystem und die Rassestandards richten sich jeweis nach dem Ursprungsland der Rasse.

Klasseneinteilung

Sofern Ihr Boxer eine FCI-Ahnentafel besitzt, sind Sie berechtigt, an allen FCI-Ausstellungen teilzunehmen. Auf Ausstellungen gibt es verschiedene Klasseneinteilungen, die nach Rüden und Hündinnen getrennt sind. Das Richten beginnt stets mit den Rüden, sofern nicht ein zweiter Richter für die Hündinnen benannt wurde. Die Einteilung der Hunde erfolgt nach Geschlechtern getrennt in verschiedene Klassen. Beginnend mit der Jüngstenklasse (sechs bis neun Monate) über Spezialkategorien wie die Gebrauchshundklasse bis zur Veteranenklasse (ab acht Jahren).

Die Begleithunde-Prüfung wird in vielen Ländern für mehrere Hunderassen angeboten. Dieses Foto wurde bei der Crufts-Dog-Show gemacht.

Der Englische Champion „Mitchem of Sunhawk" mit zwei seinen Welpen. Besitzer sind Robert Tyrrell und Hilda und Peter Foster, Australien.

Champion „Artistry Whirling“ Merlin ist ein gutes Beispiel für einen jungen Amerikanischen Champion.

Das Verhalten Ihres Hundes

Als Boxer-Besitzer haben Sie Ihren Hund ausgesucht, damit Sie und Ihre Lieben einen Freund, einen Beschützer, einen Begleiter und ein vierbeiniges Familienmitglied haben. Sie investieren Zeit, Geld und Anstrengung, um für dieses Familienmitglied zu sorgen und es zu erziehen. Natürlich verhält sich dieser ausgewählte Hund perfekt. Eben perfekt wie ein Hund.

Denken Sie wie ein Hund! Hunde denken nicht wie Menschen und meistens denken Menschen nicht wie Hunde, obwohl sie es versuchen. Unglücklicherweise ist ein Hund nicht in der Lage, sich auszumalen, wie Menschen denken. Also ist der Besitzer dafür verantwortlich, das Verhalten des Hundes zu verstehen. Hunde können keine logischen Schlüsse ziehen und leben ausschließlich in der Gegenwart. Viele Hundebesitzer machen bei der Aus-

Champion „Braia di Valdemone", im Besitz von Ottavio und Isabella Perricone, Italien.

bildung Ihres Hundes den Fehler zu denken, sie könnten ihren Hund für etwas bestrafen, was er bereits vor einiger Zeit falsch gemacht hat. Es ist wissenschaftlich erwiesen, daß

Strafen Sie niemals einen Hund, wenn Sie ihn nicht auf frischer Tat ertappt haben.

man einen Hund noch nicht mal für etwas strafen kann, das er vor zwanzig Sekunden falsch gemacht hat. Entweder Sie ertappen ihn auf frischer Tat oder Sie vergessen das Ganze. Es ist sonst nur Zeitverschwendung für Sie und Ihren Hund – nach seinem Verständns strafen Sie ihn für das, was er gerade im Moment tut.

Die folgenden Verhaltensprobleme werden häufig von Hundebesitzern angesprochen. Denken Sie jedoch daran, Hunde sind verschieden und keine Situation gleicht der anderen. Kein Autor kann behaupten, die Probleme Ihres Boxers zu lösen, einfach indem er ein Buch schreibt. Wir stellen hier grundlegendes der „Hundesprache" dar, so daß der Besitzer größere Chancen hat, Verhaltensprobleme zu lösen. Sprechen Sie über schlechte Angewohnheiten mit Ihrem Tierarzt, vielleicht kann er Ihnen einen Verhaltenstherapeuten nennen, den Sie in schwierigen Fällen konsultieren können. Verhaltensstörungen sind die Hauptursache für das Abgeben der Hunde. Geduld und Verständnis ist das Hauptmittel, das in jedem tierliebenden Haushalt unverzichtbar ist.

AGGRESSION

Aggression kann ein sehr großes Problem bei Hunden sein, besonders bei großen Hunden. Wenn Aggressionsverhalten nicht kontrolliert wird, wird es gefährlich. Ein aggressiver

Schutzhund-Ausbildung ist eine Möglichkeit, die natürlichen Schutzinstinkte des Boxers zu lenken.

Hund – unabhängig von der Größe – kann einen Menschen oder einen anderen Hund bedrohen, beißen oder sogar gefährlich angreifen. Aggressives Verhalten darf man nicht tolerieren! Es ist mehr als nur schlechte Manier; es ist gefährlich, besonders bei einer so großen und kraftvollen Rasse wie dem Boxer. Es ist für eine Familie schmerzhaft, zu beobachten, wie ihr Hund unregierbar in seinem Verhalten wird, bis hin zu dem Punkt, wo jeder Angst vor dem Hund hat. Obwohl nicht jedes aggressive Verhalten gefährlich ist, kann es doch Angst einflößen: Knurren, Zähne fletschen usw.. Es ist wichtig, die Ursache dieses Problems zu finden, festzustellen, warum der Hund sich in dieser Art verhält. Aggression ist oft ein Ausdruck von Dominanz. Der Hund sollte in seinem Rudel, in diesem Fall Ihre Familie, nicht die dominante Rolle haben.

Es ist wichtig, einen aggressiven Hund nicht zu reizen, weil dies einen Angriff hervorrufen könnte. Beo-

bachten Sie die Körpersprache Ihres Boxers. Hält er direkten Augenkontakt und starrt Sie an? Versucht er, sich so groß wie möglich zu machen: Brust herausgestreckt, Schwanz erhoben? Höhe und Größe zeigen in einem Hunderudel Autorität – größer oder über einem anderen Hund zu sein bedeutet, tatsächlich im sozialen Status über ihm zu stehen. Diese Körpersprache sagt Ihnen, daß Ihr Boxer denkt, er sei der Ranghöhere; ein Problem, mit dem Sie umgehen müssen. Ein aggressiver Hund ist unberechenbar, so daß Sie niemals wissen, wann er zuschlägt

Auf der berühmten ATI-BOX-Ausstellung in Deutschland zeigen die Boxer-Besitzer den Mut und die Unerschrokkenheit Ihrer Hunde den Richtern zur Beurteilung.

Wenn ein Boxer Ihnen nicht in die Augen sehen kann, werden Sie vermutlich Schwierigkeiten haben, ihn auszubilden.

159

und was er tun wird. Sie können nicht verstehen, warum ein Hund in der einen Minute verspielt und liebevoll ist, um im nächsten Moment zu knurren und zu schnappen.

Die beste Lösung ist, einen Verhaltenstherapeuten aufzusuchen, mög-

Boxer haben eine ausdrucksvolle Körpersprache.

lichst jemanden, der Erfahrung mit Boxern hat. Zusammen können Sie vielleicht den Grund für die Aggression Ihres Hundes herausfinden und etwas dagegen tun. Einem aggressiven Hund kann man nicht trauen und ein Hund, dem man nicht trauen kann, ist nicht geeignet, als Haustier in einer Familie zu leben. Wenn der Boxer unzuverlässig wird, kann man ihn nicht mit der Familie im Haus lassen. Die Familie muß sich von dem Hund trennen. Im schlimmsten Fall muß der Hund eingeschläfert werden.

Aggression gegen andere Hunde

Das aggressive Verhalten gegenüber anderen Hunde ist oft eine Folge von fehlenden Hundekontakten im Welpenalter. Wenn andere Hunde Ihren Boxer nervös und aufgebracht machen, wird er zuschnappen. Dies ist sein Schutzmechanismus. Ein Hund, der keinen ausreichenden Kontakt zu anderen Hunden hatte, konnte das richtige Verhalten zu Artgenossen nicht erlernen. Das Tier reagiert oft nicht der Situation angemessen. Ohne Knurren oder anderes Körpersignal als Warnung, kann er sich auf den anderen Hund stürzen und ihn beißen. Eine Möglichkeit, dies zu korrigieren ist, während eines angeleinten Spazierganges auf einen anderen Hund zuzugehen. Beobachten Sie Ihren Boxer sehr genau und strafen Sie ihn beim ersten Anzeichen von Aggression. Loben Sie ihn intensiv wenn er den anderen Hund ignoriert oder wenn er freundlich ist. Fahren Sie damit fort bis er entweder das aggressive Verhalten aufgibt oder zumindest lernt, andere Hunde zu ignorieren. Denken Sie auch später daran, ihn für korrektes Verhalten stets zu loben.

Dominante Aggression

In einem wildlebenden Hunderudel ist die soziale Rangordnung fest gefügt. Der Hund dominiert die Rangniederen und wird von den Ranghöheren selbst dominiert. Hunde wissen, daß ein Rudelführer da sein muß. Wenn Sie nicht offensichtlich diesen Platz einnehmen, wird der Hund den „Thron" besteigen! Diesen häufigen Konfliktpunkt versucht man zu vermeiden, indem

Das Erkennen der verschiedenen Stimmungen beim Boxer hilft dem Besitzer, sein Verhalten zu verstehen.

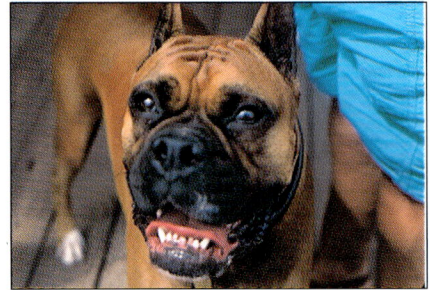

*Hundeaus-
stellungen
sind wunder-
bare Orte, an
denen sich
Hunde ken-
nenlernen
können. Sie
sollten
jedoch an
der Leine
Artgenossen
ignorieren.*

man den Hund erzieht und ausbil-
det. Wenn man dem Hund beibringt,
Kommandos zu befolgen, verstärkt
der Besitzer seine Position als Rudelführer und versichert somit dem
Hund, daß er sich auf den Menschen
als Ranghöheren verlassen kann. Auf
diese Art unterdrückt der Besitzer
den Wunsch des Hundes, zu domi-
nieren, indem er das Verhalten des
Hundes modifiziert und ihm Gehorsam beibringt.
Ein wichtiger Teil der Ausbildung ist
es, jede Gelegenheit zu ergreifen, um
herauszustellen, daß Sie der Rudelführer sind. Die einfache Übung,
Ihren Boxer vor dem Futternapf
absitzen und auf Ihr Kommando warten zu lassen, anstatt ihn herumren-

nen zu lassen damit er sich holt, was
und wann er will, sagt ihm, daß Sie
kontrollieren, wann er frißt; der
Hund ist von Ihnen abhängig im
Bezug auf sein Futter. Obwohl es
schwierig sein kann, geben Sie Ihrem

*Ältere und
größere
Hunde sind
immer über-
legen. Auch
dieser Welpe
weiß, wie
man sich der
Autorität
unterwirft.*

Hund nicht jedesmal nach, wenn er Sie anwinselt oder mit bittenden Augen anschaut. Dies ist ein ständiger Beweis für Ihren Hund, der ihm seinen Platz am Ende des Rudels klarmacht. Dies soll nicht grausam oder unmenschlich klingen. Sie lieben Ihren Boxer und sollten ihn mit Liebe und Respekt behandeln. Sie haben sich (hoffentlich) keinen Hund angeschafft, nur um jemanden zu haben, den Sie herumkommandieren können. Hundeerziehung hat nichts mit Grausamkeit oder dem Gefühl der eigenen Wichtigkeit zu tun. Es geht nur darum, das Verhalten des Hundes in geordnete Bahnen zu lenken und ihm beizubringen, nach Ihren Regeln zu leben. Theoretisch ist es ganz einfach: Erwischen Sie ihn in einer bestimmten Situation dann reagieren Sie darauf. Wenn Sie einen Hund zu dieser Gleichung hinzufügen wird es schon ein bißchen schwieriger. Aber merken Sie sich als Faustregel: Positive Verstärkung wirkt am besten.

Bei einem dominanten Hund kann Strafe und negative Verstärkung den gegenteiligen Effekt dessen, was Sie erreichten wollten, haben. Es ist möglich, daß Ihr Hund Angst bekommt oder seine Aggressivität auslebt wenn er gestraft wird. Erinnern Sie sich: Ein dominanter Hund sieht sich selbst an der Spitze der sozialen Leiter und er wird kämpfen, um diese Spitzenposition zu verteidigen. Die beste Möglichkeit dies zu verhüten ist, ihm niemals einen Grund zu geben zu glauben, daß er der Rudelführer ist. Wenn Sie Pro-

Ein Zerrspiel mit einem Fremden kann gefährlich werden, wenn der Hund aggressiv ist.

bleme bei der Erziehung Ihres Boxers haben und es scheint, als ob er dauernd Ihre Autorität in Frage stellt, suchen Sie Hilfe bei einem erfahrenen Hundeausbilder oder einem Verhaltenstherapeuten. Ein Ausbilder wird mit Ihnen und Ihrem Hund arbeiten und Ihnen effektive Techniken beibringen, die Sie zu Hause weiterverwenden können. Hüten Sie sich vor Ausbildern, die extrem harte Methoden anwenden; Strafe ist ab und zu nötig, aber der Brennpunkt Ihrer Ausbildung sollte grundsätzlich positive Verstärkung sein.

Wenn Sie herausfinden können, was die gefürchtete Situation auslöst, können Sie dem Hund helfen, darüber hinweg zu kommen. Beobachten Sie das Verhalten Ihres Boxers mit anderen Menschen und Hunden und loben Sie ihn, wenn er sich gut benimmt. Wenn er anfängt sich aggressiv zu verhalten, korrigieren Sie ihn und nehmen Sie ihn vom Schauplatz des Geschehens fort. Erlauben Sie nicht, daß andere Menschen ohne Ihre Erlaubnis zu Ihrem Hund hingehen und ihn streicheln. Auf diese Weise können Sie ihm beibringen sich zu setzen, das Angefaßtwerden zu akzeptieren und können ihn loben, wenn er sich korrekt

benimmt. Legen Sie viel Wert auf Lob und ändern Sie sein Verhalten, indem Sie ihn belohnen wenn er sich erwünscht verhält. Durch Ihre freundliche Beaufsichtigung seiner Sozialkontakte zeigen Sie ihm, daß es keinen Grund gibt, ängstlich oder aggressiv zu reagieren.

SEXUALVERHALTEN

Hunde zeigen ein bestimmtes Sexualverhalten, was Sie vielleicht schon bei Ihrer Wahl von Rüde oder Hündin beeinflußt hat. Kastration kann diese Verhaltensweisen unterbinden, aber wenn Sie einen Zuchthund besitzen, sollten Sie sich im Klaren darüber sein.

Hündinnen haben gewöhnlich zwei Läufigkeiten im Jahr, von denen jede etwa drei Wochen dauert. Dies ist der einzige Zeitpunkt, an dem eine Hündin empfängnisfähig ist und zwar

Wenn zwei Hunde sich begegnen wird die Rangordnung über eine besondere Körpersprache geklärt.

Wenn der Boxer sich wiederholt gegen Ihre Autorität auflehnt suchen Sie professionelle Hilfe!

ungefähr in der zweiten Woche der Läufigkeit. Wenn eine Hündin nicht gedeckt wird, kann es vorkommen, daß sie scheinschwanger wird, ihre Brustdrüsen anschwellen und sie Spielzeug oder andere Objekte bemuttert.

Sie müssen sich außerdem darüber im Klaren sein, daß das Aufreiten nicht nur ein sexuelles Verhalten, sondern auch ein Ausdruck von

Achten Sie drauf!

Es gibt Rüden, die einen so starken Geschlechtstrieb haben, daß sie aus diesem Grunde an Menschen oder Gegenständen aufreiten. Das Aufreiten beim Mensch und anderen Hunden ist jedoch auch häufig ein Zeichen von Dominanz. Unterbinden Sie dieses Verhalten ebenso energisch und suchen Sie mit Ihrem Hund einen guten Ausbilder auf, der Ihnen hilft, Ihre dominante Position dem Hund gegenüber klar und eindeutig herauszuarbeiten. Eine weitere Methode zur Unterbindung dieses Verhaltens ist die Kastration des Rüden. Sie müssen sich dann aber darüber im Klaren sein, daß der Hund damit nicht mehr zur Zucht zu verwenden ist.

Dominanz darstellt. Hier müssen Sie konsequent sein und dem Hund diese Angewohnheit verleiden.

ZERSTÖREN

Der Nationalsport der Hunde ist Zerstören. Jeder Hund liebt es, seine Zähne in einen wohlschmeckenden Knochen zu versenken. Manchmal ist aber der Knochen mit der Hand seines Besitzers verbunden. Hunde müssen kauen, um ihr Zahnfleisch zu massieren, um den Durchbruch der bleibenden Zähne zu fördern und um ihre Kiefer zu trainieren. Dies ist ein natürliches Verhalten, das allen „Hundeartigen" angeboren ist. Ihre Aufgabe als Besitzer ist es nicht, das Kauen zu stoppen, son-

dern es auf positive, geeignete Objekte zu richten. Als verantwortungsvoller Besitzer kaufen Sie Kauspielzeug für Ihren Boxer, wie zum Beispiel große Kauknochen, die für große Hunde gemacht sind. Achten Sie darauf, daß sein Spielzeug sicher und strapazierfähig ist. Es geht hier um die Sicherheit Ihres Hundes! Um es noch einmal zu sagen: Der Besitzer ist verantwortlich für eine hundesichere Umgebung. Die beste Antwort ist Vorsorge. Das bedeutet, legen Sie Ihre Schuhe, Handtaschen und andere wohlschmeckende Objekte an ihren ordentlichen Platz (außerhalb der Reichweite der Zähne Ihres wachsenden Caniden). Lenken Sie Ihren Welpen mit einem Spielzeug ab wenn Sie sehen, daß er Stuhlbeine oder Ihre Hosen probiert. Machen Sie ein lautes Geräusch, um die Aufmerksamkeit Ihres Hundes abzulenken und führen Sie ihn sofort zu seinem Kauspielzeug, mit dem Sie ein paar Minuten mit ihm spielen während Sie ihn liebevoll und deutlich loben.

Manche Ausbilder empfehlen Abschreckungsmittel wie scharfen Pfeffer oder andere bittere Gewürze und Produkte, die extra zu dem Zweck hergestellt werden, den Hund davon abzuhalten, an unerwünschten Stellen zu kauen. Dies funktioniert manchmal, jedoch auch nicht so oft wie die Hersteller dieser Produkte behaupten.

ANSPRINGEN

Anspringen ist die freundliche Art eines Hundes, guten Tag zu sagen. Manche Hundebesitzer stört es nicht, wenn ihr Hund sie anspringt und das ist gut für sie. Das Problem taucht auf, wenn Besuch ins Haus kommt und der Hund ihn in derselben Art begrüßt, ob er es mag oder nicht. Wie freundlich die Begrüßung auch gemeint sein mag, die Chance ist groß, daß Ihre Besucher nicht beglückt sind, von einem 30 kg Boxer über den Haufen gerannt zu werden. Der Hund ist nicht in der Lage zu unterscheiden, wen er anspringen

Auf diese Art begrüßen Sie ihn immer noch liebevoll und freundlich, weil Sie genau so froh sind, ihn zu sehen, wie er froh ist, Sie zu sehen.

GRABEN
Graben, was von Menschen als zerstörerisches Verhalten angesehen wird, ist im Grunde vollkommen normal für den Hund. Wenn Ihr

Ihr Boxer-Welpe braucht besondere sichere Spielsachen für die korrekte Entwicklung seiner Zähne und Kiefer.

darf und wen nicht. Deshalb ist es wahrscheinlich am besten, dieses Verhalten völlig zu verbieten.
Wählen Sie ein Kommando wie zum Beispiel „ab" und sagen Sie ihm „ab" wenn er hochspringt. Stellen Sie ihn mit allen Vieren auf den Boden und lassen Sie ihn absitzen während Sie ihn die ganze Zeit loben. Solange er in der Sitzposition verharrt erfreuen Sie ihn mit Lob und Streicheln.

Hund ein „Erdhund" ist (auch bekannt als Terrier) kann sein Wunsch zu graben ununterdrückbar und sehr frustrierend für seinen Besitzer sein. Wenn der Hund in Ihrem Garten gräbt, ist dies ein völlig normales Verhalten, welches der Hund in seinem täglichen Leben zeigt. Der Hund würde in der Natur aktiv Futter suchen, sich eine Höhle graben usw.. Er benutzt seine Pfoten auf zweck-

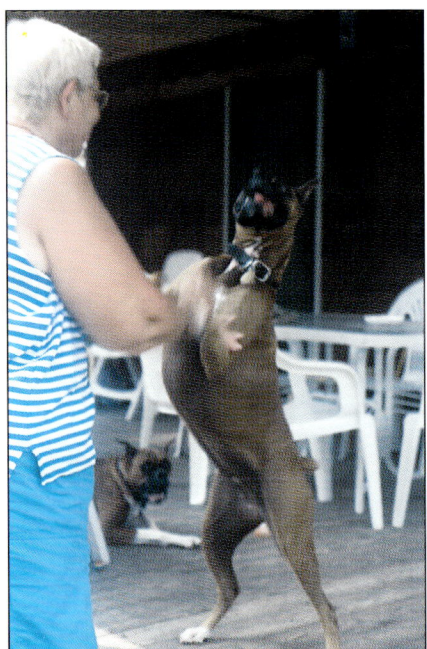

Es gibt nichts wovor Ihre Besucher sich mehr fürchten, als von Ihrem Boxer angesprungen zu werden. Der Boxer muß dazu erzogen werden, Besucher nicht anzuspringen.

gerichtete Art, er benutzt sie für sein Überleben. Weil Sie ihn mit Futter und Unterkunft versorgen, hat er keinen Grund mehr, seine Pfoten für diese Zwecke zu benutzen und so manifestiert sich die Energie, die er dafür brauchen würde, in sich selbst in Form von kleinen Löchern überall in Ihrem Garten und Ihren Blumenbeeten.

Vielleicht gräbt Ihr Hund aus Langeweile – dies ist mit Jemandem vergleichbar, der eine ganze Tüte Chips vor dem Fernseher ißt, einfach weil sie da sind und es nichts Besseres zu tun gibt. In diesem Fall ist die Antwort, Ihren Hund mit adäquatem Spiel und Auslauf zu versorgen, so daß sein Hirn und seine Pfoten beschäftigt sind und er weiß, daß er etwas Nützliches zu tun hat.

Natürlich ist es am Leichtesten, das Graben zu kontrollieren, wenn es so bald wie möglich unterbunden wird. Aber es ist oft nicht einfach, einen Hund auf frischer Tat zu ertappen, besonders wenn er während des Tages allein im Garten ist. Wenn Ihr Hund ein begeisterter Wühler ist, der sich nicht leicht durch andere Aktivitäten ablenken läßt, können Sie ihm einen Bereich auf Ihrem Grundstück zuweisen, wo er graben darf. Wenn Sie ihn in einem verbotenen Teil des Gartens beim Graben erwischen, bringen Sie ihn sofort zu dem erlaubten Gebiet und loben Sie ihn, wenn er dort gräbt. Halten Sie ihn gut im Auge, so daß Sie ihn erwischen können, denn dies ist der einzige Weg, wie er verstehen kann, was erlaubt ist und was nicht. Wenn Sie ihn zu einem Loch bringen, das er eine Stunde zuvor gegraben hat und ihm sagen, daß er dies nicht gedurft hätte, wird er es nicht verstehen, daß Sie keine Löcher oder ausgegrabene Blumen mögen. Wenn Sie ihn erwischen, während er knietief in Ihren Tulpenbeeten steht, ist dies genau der Punkt, wo er Ihre Botschaft verstehen wird.

BELLEN
Hunde können nicht sprechen – oh, was würden Sie sagen, wenn sie könnten! Stattdessen ist Bellen die Art, wie ein Hund spricht. Dies kann etwas frustrierend sein, weil es nicht immer einfach zu verstehen ist, was ein Hund mit seinem Gebell sagen will – ist er aufgeregt, fröhlich, ängstlich, wütend? Was auch immer, es ist das, was der Hund sagen will. Er sollte nicht für das Bellen bestraft

Hunde lieben es, im Blumenbeet zu graben, weil der Boden hier schön weich ist. Tadeln Sie Ihren Boxer, wenn Sie ihn beim Graben erwischen. Wenn Sie ihn nicht auf frischer Tat ertappen, müssen Sie einen besseren Zeitpunkt abwarten.

Sie herausfinden. Diese Art von Bellen ist angeboren und sollte nicht verboten werden.

Exzessives gewohnheitsmäßiges Bellen andererseits ist ein Problem, das von Anfang an korrigiert werden sollte. Während Ihr Boxer heranwächst, werden Sie bald in der Lage sein zu erkennen, wann sein Bellen zweckgerichtet ist und wann es grundlos ist. Sie können nach einer gewissen Zeit die verschiedenen Bellarten Ihres Hundes und aus welchem Grund er bellt, unterscheiden. Zum Beispiel wird das Bellen, wenn jemand an die Tür kommt, anders sein als das Bellen wenn er sich freut Sie zu sehen. Es ist ähnlich wie der Tonfall eines Menschen. Nur das der Hund sich völlig auf den Tonfall verlassen muß, weil er nicht das Glück hat, Wörter gebrauchen zu können.

werden. Nur wenn das Bellen exzessiv wird und wenn exzessives Bellen eine schlechte Angewohnheit wird, muß dieses Verhalten geändert werden. Wenn ein Einbrecher in Ihr Haus käme und Ihr Hund mitten in der Nacht, zur Warnung bellen würde, wären Sie doch auch froh. Sie würden wahrscheinlich Ihren Hund als Held, als wundervollen Wächter und Beschützer Ihres Hauses bezeichnen. Auf der anderen Seite, wenn ein Freund unerwartet vorbeikommt, klingelt und mit einem plötzlichen scharfen Bellen begrüßt wird, würden Sie sich wahrscheinlich über den Hund ärgern. Aber ist dies nicht genau das gleiche Verhalten? Der Hund weiß es nicht besser. Solange, bis er sieht, wer an der Tür ist und er erkennt, daß es jemand ist, mit dem er befreundet ist, wird er das Bellen als Mittel benutzen, auszudrücken, daß sein (und Ihr) Terretorium bedroht ist. Obwohl Ihr Freund keine Bedrohung darstellt ist es für den Hund genau dasselbe. Bellen ist sein Mittel, Sie wissen zu lassen, daß irgend jemand kommt, ob Freund, ob Feind. Dies müssen

Streiten die Welpen über ihren Stammbaum?

Ein exzessiver Beller kann bereits im frühen Alter erkannt werden.

Es gibt ein paar Sachen, die Ihren Hund beim Bellen verstärken. Wenn er beispielsweise ein paar Minuten ununterbrochen bellt und Sie geben ihm einen Leckerbissen um ihn zu beruhigen wird er glauben, Sie belohnen ihn für das Bellen. Er wird das Bellen mit einer Belohnung verknüpfen und wird so lange bellen, bis er eine bekommt.

Dieser kleine Futterdieb möchte gerne das Essen seiner Mutter probieren.

STEHLEN

Denkt Ihr Hund sich Wege aus um Lebensmittel von Ihren Arbeitsplatten zu stehlen? Wenn dies so ist müssen Sie die folgenden Fragen beantworten: Ist Ihr Boxer hungrig oder ist er ständig „ausgehungert" wie jeder andere Hund auch? Warum liegen überhaupt Lebensmittel auf der Arbeitsfläche? Denken Sie daran: Manche Hunde sind mehr über Futter zu motivieren als andere. Manche wiederum sind total besessen von einem Freßtrieb und können nur an ihre nächste Mahlzeit denken. Futter stehlen ist ein großartiger Spaß und jedesmal mit einer wunderbaren Belohnung verbunden – FUTTER, WUNDERBARES FUTTER.

Aus diesem Grund muß das Ziel des Besitzers sein, den Erfolg weniger erfreulich, wenn nicht sogar unerfreulich zu machen. Stellen Sie eine Lärmdose (eine leere Blechdose mit Münzen darin) auf die Arbeitsplat

BETTELN

Wie auch das Stehlen ist das Betteln eine Hauptbeschäftigung hungriger Welpen, mit dem selben Ergebnis – Futter! Hunde lernen schnell, daß Ihre Besitzer das „gute" Essen für sich selbst zurückbehalten und daß wir Menschen nicht von Brot allein leben. Betteln ist eine antrainierte Antwort die auf einen speziellen Reiz erfolgt, Zeit und Ort. Die Küchengeräusche, das Öffnen von Dosen und Flaschen, das Zerknüllen von Tüten, die Gerüche, die bei der Zubereitung entstehen usw. werden Ihren Hund in Stimmung versetzen, nicht lange und er macht Bitte Bitte.

Hier ist die Lösung, um dieses Verhalten abzustellen: Geben Sie einem Bettler niemals nach! Sie belohnen den Hund für hübsches Sitzen, Aufspringen, Winseln und seine Nase an Ihnen reiben, indem Sie ihm die wunderbarsten Sachen geben – Futter. Wenn Sie den Hund ignorieren, können Sie diese Verhalten (eventuell) löschen. Denken Sie daran, daß die Unart meistens schlimmer

Füttern Sie einen Hund aus seinem Napf, niemals vom Tisch.

te, so daß Sie das liebe Tier auf frischer Tat erwischen. Es gibt noch andere Mittel, die den Hund überraschen sollen, wenn er sich auf die Suche nach einer Zwischenmahlzeit macht. Elektronisch gesteuerte Mittel sind jedoch durch das Deutsche Tierschutzgesetz verboten.

wird, bevor sie verschwindet, also stellen Sie sicher, daß es in Ihrer Familie keine Softies gibt, die dem armen kleinen jedesmal wenn er weint etwas geben.

TRENNUNGSANGST

Das erste Erlebnis eines Welpen von Trennungsangst (dies ist die Angst, allein gelassen zu werden) tritt auf, sobald sie entwöhnt sind und von ihrer Mutter fortgenommen werden. Dies ist eine normale Reaktion, nicht anders als wenn ein Kind weint,

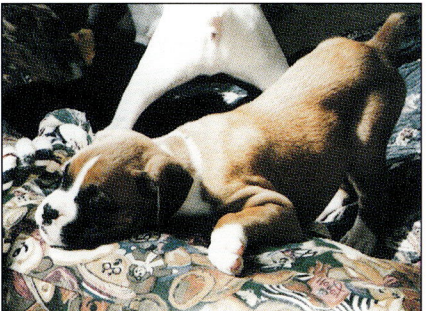

Welpen haben oft Trennungs- angst. Dies ist wirklich die tiefe Angst, ver- lassen zu werden.

wenn seine Mutter es an seinem ersten Kindergartentag verläßt. Seien Sie nicht wie Ihre weiche Mutter und weinen gleich mit, gehen Sie einfach fort und Ihr Boxer-Welpe wird auf Dauer gesehen weniger leiden.

Ihr Boxer kann winseln, jaulen, oder auf andere Art seine Unzufriedenheit ausdrücken wenn Sie das Haus ver-

lassen und er alleine bleibt. Dies ist ein normaler Fall von Trennungs- angst aber Sie können etwas tun, um dieses Problem zu beseitigen. Ihr Hund muß lernen, daß er eine Zeit lang ohne Sie auskommen kann und das er nicht sterben wird, wenn er nicht jede Minute des Tages beach- tet wird. Im Gegenteil, ständige Beachtung kann zu Trennungsangst führen. Wenn Sie die ganze Zeit an Ihrem Hund herumstreicheln und schmusen wird er dies irgendwann die ganze Zeit von Ihnen erwarten und es wird doppelt schlimm für ihn sein, wenn Sie einmal nicht da sind. Offensichtlich genießen Sie es, die Zeit mit Ihrem Hund zu ver- bringen und er sehnt sich nach Ihrer Liebe und Aufmerksamkeit. Nichts desto Trotz sollte keine Abhängigkeit entstehen, bei der ihm ohne Sie das Herz bricht. Eine Sache, die Sie tun können, um Trennungsängste zu ver- ringern ist, sowenig wie möglich Aufhebens von Ihrem Kommen und Gehen zu machen. Verabschieden Sie sich nicht lang und breit von Ihrem Hund und ersticken Sie ihn nicht mit Streicheleinheiten wenn Sie wiederkommen. So würden Sie seinem Bedürfnis nach Aufmerk-

Sie müssen kontrollie- ren, wann Ihr Hund fressen darf. Erziehen Sie ihn nicht zum Betteln und Bellen.

samkeit nachgeben, wodurch er Sie noch mehr vermißt, wenn Sie nicht da sind. Etwas Anderes, was Sie ausprobieren können wenn Sie gehen ist, Ihrem Hund einen Kauknochen zu geben. Dies wird ihn nicht nur beschäftigen und von der Tatsache ablenken, daß Sie gerade gegangen sind, sondern es wird ihm auch helfen, Ihr Fortgehen mit einem angenehmen Erlebnis zu verknüpfen.

Am besten gewöhnen Sie Ihren Hund langsam daran, allein gelassen zu werden. Wenn Ihr Hund anfängt zu wimmern sobald Sie sich der Tür

Wußten Sie schon?

Die Zahl der Hunde, die unter Trennungsangst leiden, steigt immer mehr an. Immer mehr Hundebesitzer lassen Ihre Hunde den ganzen Tag allein, während sie arbeiten. Diesem Problem wird in Zukunft mehr Aufmerksamkeit gewidmet werden müssen, da sich hier die Frage nach artgerechter Hundehaltung stellt. Eine Abwesenheit von mehr als vier Stunden läßt den Hund nicht nur psychisch leiden (denken Sie daran, er ist ein Rudeltier), sondern zwingt ihn auch, seine Körperfunktionen zu lange zu kontrollieren, so daß im Alter Blasen- und Nierenschäden die Folge sind.

nur nähern, wird es Ihre erste Regung sein, sofort zurückzugehen um ihn zu beruhigen – tun Sie dies nicht! Wirklich – wahrscheinlich wird er sich daran gewöhnen und das Alleinsein gut vertragen wenn Sie es in kleinen Schritten üben. Seine Angst rührt daher, daß er einer neuen Situation ausgesetzt ist. Wenn Sie ihn an diese Situation gewöhnen wird er lernen, daß es in Ordnung

ist, allein zu sein. Dies bedeutet nicht, daß Sie so oft wie möglich Ihren Hund alleine zu Hause lassen sollten, aber der Hund muß wissen, daß obwohl er sich auf Ihre Zuneigung verlassen kann, es nicht nötig ist, daß Sie 24 Stunden am Tag neben ihm sitzen.

Wenn ein Hund allein im Haus ist, sollte er sich in dem Bereich aufhalten, in dem er sonst auch den größten Teil des Tages verbringt. Dies kann der Bereich sein in dem er schläft, so daß er sich dort bereits wohlfühlt und leichter damit zurecht kommt, allein zu sein. Dies ist eins der vielen Beispiele, in denen ein Körbchen eine wertvolle Anschaffung für Sie und Ihren Hund ist und eine weitere Erklärung, warum Ihr Hund sein Körbchen als einen glücklichen Platz ansehen sollte, einen Platz für sich ganz alleine.

COPROPHAGIE

Kotfressen ist für die meisten Menschen eine der ekelhaftesten Angewohnheiten, die ihr Hund haben kann. Obwohl es für den Hund wiederum völlig normal ist. Es ist für uns schwer zu verstehen, warum ein Hund seinen eigenen Kot frißt; er könnte bestimmte Nährstoffe, die in seinem Futter fehlen, suchen, er könnte einfach nur hungrig sein, oder er könnte von dem (für einen Hund) angenehmen Geruch angezogen werden. Obwohl meistens das Fressen des eigenen Kotes beim Hund als Coprophagie bezeichnet wird, kann ein Hund jedoch auch die Ausscheidungen anderer Tiere aufnehmen, sofern er sie erreichen kann. Tierärzte haben herausgefunden, daß Futtersorten mit niedriger Verdaulichkeit, die relativ wenig Rohfaser und hohe Anteile von Kohlehydraten enthalten, Coprophagie fördern. Also müßten Futtersorten mit hohem Rohfaseranteil die Neigung, Kot zu fressen, verringern. Sowohl die Konsestenz des Kotes (wie fest er sich im Fang des Hundes anfühlt) als auch die Anwesenheit von unverdauten Nährstoffen erhöhen den Freßreiz. Meistens finden Hunde den Kot von Katzen und Pferden wohlschmeckender als den anderer Hunde. Wenn der Hund einmal vom Kotfressen Durchfall bekommt, wird er das unerwünschte Verhalten vielleicht bald unterlassen.

Um dieses Verhalten zu bekämpfen müssen Sie zunächst sicherstellen, daß Ihr Hundefutter alle Nährstoffe enthält und Ihr Hund satt ist. Wenn ein Futterwechsel nicht zu funktionieren scheint und keine medizinische Ursache gefunden werden kann, müssen Sie das Verhalten durch ständige Kontrolle beeinflussen, bevor es zur Gewohnheit wird. Es gibt ein paar Tricks, die Sie ausprobieren können, so zum Beispiel eine unangenehme Substanz dem Kot hinzufügen, um ihn weniger

schmackhaft zu machen oder einen Zusatz zum Hundefutter, der den Kot geschmacklich verändert. Der beste Weg, Ihren Hund daran zu hindern, Kot zu fressen ist, ihn unerreichbar zu machen – entfernen Sie den Kot, sobald er abgesetzt ist und säubern Sie Ihren Garten von allen Fäkalien. Wenn kein Kot da ist, kann

Wenn Sie mehr als einen Welpen haben tritt gewöhnlich keine Trennungsangst auf.

der Hund ihn auch nicht fressen. Strafen Sie Ihren Hund niemals fürs Kotfressen, weil Strafe den Hund nur wenig beeindruckt. Nur wenn Sie ihn direkt beim Kotfressen erwischen können Sie den Hund tadeln. Eine andere Möglichkeit ist es, dem Hund einen Maulkorb anzulegen, wenn er in den Garten geht um sich zu lösen. Dies hilft normalerweise innerhalb von ein bis zwei Monaten. Coprophagie wird meistens beim Junghund zwischen sechs und zwölf Monaten beobachtet und verschwindet im Alter von einem Jahr.

Mein Boxer

Kleben Sie das erste Foto Ihres Welpen hierher

Name des Hundes _____

Datum _____ Fotograf _____